W0362627

TAYLOR SWIFT

Aucune étoile ne brille plus fort

Cet ouvrage est une biographie non-autorisée à destination des enfants rédigée à partir de sources diverses et de recherches diligentes et sérieuses menées par son auteur. Cependant, cet ouvrage étant une œuvre de l'esprit, certains personnages, leurs caractéristiques physiques et psychologiques, certains évènements, déroulés, lieux, certains propos et dialogues, certaines contextualisations ont fait l'objet par l'auteur d'une composition et/ou d'un ajustement, nécessaires pour rendre la scénarisation, la narration et la lecture adaptées aux enfants.

Ouvrage dirigé par Florence Pierron-Boursot
Avec la collaboration d'Anne-Laure Schneider
Illustration de couverture : Alain Boyer
Illustrations : © Shutterstock.com
Photographies Bonus : © Getty Images
Relecture : Valérie Gios

Tous droits réservés, y compris le droit de reproduction de ce livre ou de quelque citation que ce soit, sous n'importe quelle forme.
Loi n° 49-956 du 16 juillet 1949 sur les publications destinées à la jeunesse, modifiée par la loi n° 2011-525 du 17 mai 2011.

© 2025, Hugo Jeunesse, département de Hugo Publishing
59, quai Alphonse Le Gallo – 92100 Boulogne Billancourt
www.hugopublishing.com

ISBN : 9782755679519 / 001
Dépôt légal : mars 2025
Imprimé en France par Corlet en février 2025
sur papier issu de forêts gérées de manière durable
N° d'imprimeur : 24090718

Certifié PEFC
Ce produit est issu de forêts gérées durablement et de sources contrôlées
PEFC
10-31-1510
www.pefc-france.org

Fabrice COLIN

TAYLOR SWIFT

Aucune étoile ne brille plus fort

Hugo Jeunesse

LA MÉLODIE AU CŒUR

C'était une chance que sont loin de connaître tous les enfants : celle d'avoir des parents qui croient en eux. Dur comme fer. Plus tard, devenue la star mondiale qu'elle était destinée à devenir, la star le reconnaîtrait volontiers : sans ses parents, les choses auraient pu être bien différentes… Peut-être, même, que rien ne serait arrivé.

Scott Kingsley Swift, le père de Taylor, avait étudié le commerce dans une université prestigieuse. Il avait décroché un diplôme reconnu, et entamé une carrière spectaculaire – comme avant lui son père et son grand-père –, au sein de la grande banque Merrill Lynch. Andrea Gardner

Einlay, qui avait six ans de moins que lui, était directrice marketing dans une agence publicitaire, à une époque où peu de femmes parvenaient à se faire une place au sein de ce milieu. Elle avait passé les dix premières années de sa vie à Singapour, et son père était l'héritier d'une génération de banquiers. Fière, tenace, déterminée, Andrea n'aimait pas l'idée de dépendre de quoi que ce soit, et n'était pas du genre à se laisser marcher sur les pieds. Elle vivait seule avant de rencontrer Scott. Ces deux-là, en quelque sorte, s'étaient « reconnus ». Ils se marièrent au Texas le 20 février 1988 et déménagèrent à West Reading, en Pennsylvanie, où Andrea, devenue femme au foyer, tomba rapidement enceinte. Taylor Alison naquit le 13 décembre de l'année suivante, en 1989.

– Elle sait ce qu'elle veut, cette petite, déclara un pédiatre quelques heures seulement après sa naissance.

Andrea, qui reprenait des forces dans son lit, haussa un sourcil.

– Au nom du ciel, comment pouvez-vous avancer une chose pareille ? Elle a un jour !

– Vous verrez.

Taylor vécut une enfance paisible et heureuse, passée en partie dans la ferme de sapins de Noël de son grand-père. C'était un endroit assez féerique, où ses parents la laissaient vagabonder à loisir. Elle y errait souvent, seule avec ses rêveries, ses idées…

Lors des vacances d'été, la famille partait pour sa résidence de Stone Harbor, dans le New Jersey où Taylor, que sa mère avait mise en selle dès son plus jeune âge, pouvait s'adonner à l'équitation, l'une de ses premières passions. Elle avait 3 ans quand un petit frère arriva – Austin, né à la fin de l'hiver 1992. Leur mère, décidée à leur fournir la meilleure éducation possible, se résolut à renoncer à sa vie professionnelle pour s'occuper de ses enfants. Un matin, son mari lui demanda si elle était bien sûre.

– Nos petits ont besoin d'un cadre.

Il rit.

– Et c'est toi qui vas le leur offrir ?

Elle le toisa, mortellement sérieuse.

– Qui d'autre ? Toi, tu admires déjà tellement ta fille que tu ne lui refuseras jamais rien. Je suis prête à faire ce sale boulot.

Empoignant sa sacoche, il l'embrassa sur la bouche.

– Tu as toute ma confiance.

Très tôt, Taylor montra un intérêt particulier pour la chanson. Dès l'âge de trois ans, elle s'était mise à chanter des airs entendus à la radio. Lorsqu'elle allait au cinéma avec ses parents, elle mémorisait les titres et les fredonnait sur le chemin du retour. Ses parents se dévisageaient, abasourdis.

– Elle la connaissait d'avant, cette mélodie ?

– Je ne crois pas, non.

Pour tout ce qui touchait à la musique, aux harmonies, Taylor faisait preuve d'une mémoire stupéfiante.

– Ça vient peut-être de maman, hasarda Andrea.

Sa mère, en effet, était une chanteuse d'opéra reconnue, qui s'était produite dans le monde entier, et avait même travaillé pour la télévision en Amérique latine, en tant que présentatrice d'une émission de variétés. Tout le monde lui reconnaissait un charisme exceptionnel, et Taylor, quand elle la voyait, la regardait avec des yeux emplis d'admiration.

Pour le reste, la fillette avait commencé sa scolarité dans une école maternelle tenue par des sœurs. Les Swift, qui étaient catholiques, allaient à la messe tous les dimanches et chantaient des cantiques. Taylor n'était pas la dernière à donner de la voix, et écoutait avec intérêt aussi bien les disques de ses parents que la radio, passant son temps à tourner la molette des fréquences à la recherche d'une pépite. L'un de ses premiers coups de cœur ? LeAnn Rimes, une chanteuse de pop et de country.

– Tu te rends compte, Maman ? Elle n'a que 13 ans, et elle est déjà célèbre ! Ça doit être génial !

Maman Swift, occupée à battre des blancs en neige, se retourna, intriguée.

– « Génial », tu es sûre ?

– Elle donne des concerts devant plein de gens ! s'écria Taylor.

Son père replia le journal qu'il était en train de lire.

– J'ai entendu parler de cette jeune fille. Elle doit tout de même vivre une adolescence assez particulière.

– C'est quoi, l'adolescence ?

Les deux parents éclatèrent de rire. Son père lui caressa la joue.

– Ça te plairait, toi, de chanter ou de jouer d'un instrument devant des milliers de personnes ?

– Oh oui, tellement !

– Mais ce doit être effrayant !

Andrea soupira.

– Arrête de lui faire peur.

– J'ai pas peur ! claironna Taylor.

Elle venait de fêter ses 6 ans.

Sa mère, décontenancée, retourna à ses œufs.

– En tout cas, fit-elle à l'adresse de son mari, je ne sais pas d'où cette enfant tient cet amour de la country.

– Hum, répondit son père en s'étirant. Bon, je vais aller jeter un œil à la voiture. Je crois qu'il y a un problème avec le carburateur.

Taylor, qui chantonnait en dansant, lui barrait le chemin.

– Je veux le nouveau disque de LeAnn.

Il lui embrassa le front.

– Pas de « je veux ».

Quelques mois plus tard, en 1996, sortit *Blue*, l'album en question, qui allait devenir, aux États-Unis, l'un des gros succès de l'année, et propulser la chanteuse au rang de véritable vedette. Les parents de Taylor le lui offrirent pour les vacances, et elle l'écouta en boucle sur le lecteur CD du salon. Sa mère soupirait. Son truc à elle, c'était plutôt le rock à guitares mais, dans la famille, on écoutait un peu de tout.

Taylor s'entichait sans cesse d'autres artistes. Shania Twain, en particulier, et son album *Come on over*, un succès faramineux en 1997...

– Et elle, qu'est-ce qu'elle a de si remarquable ? demandait sa mère.

– Elle écrit ses chansons toute seule ! Ce qu'elle chante, c'est ce qu'elle ressent, ce qu'elle pense... C'est pas fantastique, de pouvoir partager ses émotions avec des millions de gens ?

Andrea Swift était bien forcée de convenir que si.

2

COUNTRY GIRL

Bientôt, Taylor se pencha sur Patsy Cline et Dolly Parton, des chanteuses de country de la génération précédente, qui avaient déjà une longue carrière derrière elles. Et elle se mit à écrire. Pour elle, d'abord – notamment des poèmes. Elle aimait les rimes, elle aimait les efforts qu'ils lui demandaient, elle était heureuse quand elle trouvait la phrase parfaite, le vers qui traduisait exactement sa pensée. En quatrième année d'école primaire, elle participa à un concours national de poésie. *Monster In My Closet* était le titre de son œuvre. « Il y a un monstre dans mon placard et je ne sais pas quoi faire / L'avez-vous vu, s'est-il déjà jeté sur vous ? » C'était un texte à la fois effrayant et amusant, qui lui permit de remporter le premier prix. Quelle fierté !

Taylor lisait beaucoup, aussi, elle adorait les histoires, les contes fantaisistes. Avant qu'elle aille se coucher, il fallait toujours qu'on lui en lise au moins une. Ou dix...

– Maintenant ça suffit, Taylor ! Il est l'heure de dormir ! protestait sa mère.

– Lis-moi celle-ci, quand même !

– Je te l'ai lue hier !

– Quoi ? On n'a plus de livre, alors ?

– Tu veux dire, un livre que je ne t'aurais pas déjà lu cinquante fois ? Je crains que tu connaisses la réponse, ma chérie...

– Très bien, alors. Je vais en écrire un moi-même.

Très tôt, Taylor s'était mise à inventer des histoires. Des contes un peu macabres, étonnants pour une enfant de son âge. Ses idées, elle les puisait en partie dans son environnement. La forêt de sapins, les orages d'automne, les animaux sauvages, les légendes locales... Tout cela nourrissait une imagination fertile. Ce qu'elle voulait faire plus tard ? À 10 ans, elle n'en avait pas la moindre idée encore. « Conseillère financière », répondit-elle un jour à un ami de ses parents qui lui avait posé la question. L'homme secoua la tête, perplexe.

C'était une blague, évidemment. Taylor se voyait assez peu travailler dans un bureau. « Je suis une fille de la nature, répétait-elle. Une vagabonde ! » Elle montait des poneys, se promenait, joyeuse, à travers la campagne… Mais une chose l'occupait plus que tout le reste : la musique. Des Spice Girls à Hanson en passant par Britney Spears ou les albums de rock de sa mère…

Au théâtre local pour enfants, on auditionnait pour *Annie*, une comédie musicale. Elle y décrocha un rôle, quoique fort modeste, qui l'encouragea pour la suite et montra à ses parents – c'était déjà ça – qu'elle en était *capable*. Sans tarder, elle se présenta à un autre casting, celui de *The Sound of Music*, une pièce que toute l'Amérique connaissait. Cette fois, elle obtint le rôle principal, avant celui de Sandy dans *Grease*, un autre grand succès.

– Tu as quelque chose d'une chanteuse country, lui confia son professeur de chant.

Elle n'était pas très étonnée : la country était l'une des musiques qu'elle écoutait le plus. La fille de la campagne, donc. Et pourquoi pas ?

Sans relâche, on l'encourageait à continuer, à viser plus haut. Accompagnée de sa mère et de Kirk Cremer, son prof de chant, qui jouait un peu le rôle d'un manager, elle se rendit à New York pour passer ses premières auditions.

Dans sa ville natale, elle ne perdait pas une occasion de chanter, de préférence en public. Il fallait qu'elle s'habitue, qu'elle gagne en assurance. Les concours de karaoké avaient sa préférence. Certes, elle chantait les chansons des autres, mais elle les interprétait avec une telle justesse que ceux qui l'observaient ne pouvaient que croire en elle. Ses parents l'encourageaient continuellement. Elle se produisait dans des bars, empoignait le micro, jouait de la guitare... et commençait à se bâtir une petite réputation. Bientôt, en interprétant un titre de sa chère LeAnn Rimes, elle remporta un concours de karaoké prestigieux, et put se produire en première partie de Charlie Daniels, un chanteur de country très connu, qui avait joué avec les grands Bob Dylan et Leonard Cohen.

Sa renommée, localement, s'était mise à grandir. Elle chantait l'hymne américain lors de compétitions sportives – baseball, tennis, basket ! – devant des foules de plus en plus importantes. Un jour d'avril 2002, tandis qu'elle venait de se produire devant le public des 76ers de Philadelphie[1], avec un haut aux couleurs de l'Amérique, un homme assis au premier rang lui tapa dans la main pour la féliciter.

– Bien joué, petite ! Tu sais quoi ? Je pense que tu as de l'avenir.

Cet homme, c'était Jay-Z, le célèbre rappeur, le futur mari de Beyoncé – l'une des plus grandes stars du pays. Taylor sentit son cœur manquer un battement.

– C'est la gloire ! lui glissa son frère ce soir-là. Non mais, tu te rends compte ?

Ce n'était pourtant que le début.

---

1. Franchise de basket de la NBA basée à Philadelphie.

À présent, la jeune fille chantait devant des publics de quarante mille personnes suspendues à ses lèvres. Kirk, son professeur, était impressionnée par son aisance.

– Aisance ? Je suis morte de trac à chaque fois !

– Peut-être, mais ça ne se voit pas !

Son frère à lui possédait un studio d'enregistrement. Kirk lui réserva quelques séances. Au programme ? Des reprises de ses idoles, Dolly Parton et LeAnn Rimes en tête. Casque sur les oreilles, micro en main, Taylor se sentait transportée. Oh, comme elle aimait cette sensation ! Quand elle chantait, elle se sentait libre : libre d'être qui elle était, d'apporter *sa* sensibilité, *sa* vibration particulière. De faire de ces chansons les siennes.

Les Swift avaient déménagé. Ils habitaient désormais une vaste maison de cinq chambres à Reading, Pennsylvanie. Taylor s'installa au grenier, un immense espace rien qu'à elle, qu'elle décida de peindre à son goût, et où elle pouvait jouer de la guitare et chanter en toute liberté, quand elle n'était pas occupée... à rêvasser.

Lors des étés passés à Stone Harbor, un endroit qu'elle adorait, et où le ciel avait pour elle la couleur d'un bonheur sans fin, elle continuait à jouer, à chanter, à se produire partout où elle le pouvait. L'inspiration lui venait de partout : un paysage qui l'emplissait d'émotion, un garçon ombrageux, dont elle aurait tant aimé être remarquée, mais qui ne paraissait pas lui prêter la moindre attention. D'une joie ou d'un chagrin, on pouvait faire une chanson. La mélodie venait avec. Depuis peu, Taylor s'était mise à jouer de la guitare acoustique, un instrument très compliqué à maîtriser, avec ses douze cordes.

– Tu vas te faire mal aux doigts... commentait sa mère, la regardant grimacer.

– Je *veux* me faire mal, répondait Taylor.

Elle avait 11 ans.

3

COUP DE FOUDRE À NASHVILLE

– Il faut que j'aille à Nashville !

Tout se passait là-bas : c'était ce que Taylor avait fini par penser. Nashville était la capitale mondiale de la musique country. N'était-elle pas surnommée « Music City » ? De nombreuses maisons de disques s'y étaient installées, donnant naissance au « Nashville sound », un mélange de country et de folk avec un peu de pop. Elvis Presley n'avait-il pas enregistré son premier grand « hit » en ce lieu ?

– En tout cas, déclarait la jeune fille, ce n'est pas en restant ici que ma carrière va décoller.

Ma « carrière »... Andrea et Scott Swift, hébétés, ne savaient pas quoi répondre. Ils étaient bien, ici, en Pennsylvanie, ils menaient une vie agréable et paisible, que seraient-ils allés fabriquer dans le Tennessee ?

D'un autre côté, leur fille était incroyablement déterminée et insistante. Elle travaillait d'arrache-pied pour réaliser son rêve, et il était clair que ce n'était pas pour elle une lubie. Ses concerts en témoignaient : elle avait un talent fou, et une assurance hors-norme pour une enfant de son âge.

– Bon, concéda Andrea, tu sais quoi ? On va déjà aller voir à quoi ça ressemble.

Taylor opina. La vie en Pennsylvanie lui pesait quelque peu. La situation de ses parents, ainsi que ses récents succès lui valaient la jalousie de nombre de ses camarades. Des articles commençaient à paraître sur elle, qui lui attiraient des moqueries. La country ? Cette musique de ringards, de bouseux ? Ce n'était pas vraiment ce que les autres filles de son collège écoutaient.

Taylor essayait de les ignorer. De manière générale, elle se sentait assez éloignée des autres élèves qui occupaient leur temps à parler de mode ou à colporter des potins stériles. Elle ne se sentait pas branchée, ou « dans le coup » : ce qui l'intéressait avant tout, c'était sa musique.

Pendant les vacances scolaires, les parents de Taylor firent donc le voyage avec elle jusqu'à Memphis, où ils distribuèrent la démo qu'elle avait enregistrée aux maisons de disques locales. Sur la pochette du CD, une simple photo du visage de la jeune fille, et ces mots : « Appelez-moi », accompagnés d'un numéro de téléphone et d'une adresse e-mail, rien de plus.

Taylor croisait les doigts, et tout ce qu'elle pouvait croiser. Les producteurs allaient-ils tomber sous le charme ? À son retour, hélas ! rien ne se passa. Sans doute s'était-elle un peu emballée. Seul un employé d'une maison de disques prit la peine, au bout de quelques jours, de la contacter.

– Vous savez, Mademoiselle, nous recevons des centaines de propositions semblables à la vôtre.

– Alors qu'est-ce que je dois faire ?

– Attirer l'attention.

Ses épaules s'affaissèrent.

– Vous ne croyez pas que j'essaie ?

L'attente était désespérante. Au bout de quelque temps, toutefois, un homme du nom de Dan Dymtrow, qui l'avait entendue chanter lors d'un match, lui demanda de lui envoyer « un échantillon ». Avec son père, Taylor tourna une vidéo légèrement spéciale, où elle taquinait sa guitare, avec son chat dans les parages – « un truc un peu différent », expliqua-t-elle à sa mère.

Dymtrow l'invita dans son bureau, où elle se présenta avec sa guitare à douze cordes et commença à jouer une mélodie, et à chanter. Impressionné par sa prestance et son assurance, l'homme la fit poser pour un shooting consacré aux « stars montantes » pour le magazine *Vanity Fair*. Dans le texte qui accompagnait sa photo, elle racontait qu'elle avait entonné l'hymne national à l'US Open, et signé « avec l'un des plus grands managers musicaux ». Elle clamait aussi son amour pour la country. « La musique est la chose la plus importante dans ma vie. Je veux toucher les gens, au plus profond. Je ne désire rien d'autre. » Le manager en question lui fit rencontrer des maisons de disques – RCA Records, notamment, le label de Presley ! La compagnie se montra intéressée, mais lui expliqua qu'il serait préférable d'attendre encore. « Ne brûlons pas les étapes, jeune fille. » Taylor avait à présent 14 ans. Attendre ? Elle n'en avait aucunement l'intention.

La famille, considérant ce premier contact comme plus que positif, accepta toutefois de déménager.

« Bah, fit Scott, qui pouvait travailler de n'importe où. Ça va nous changer d'air, on en a besoin ! »

Taylor s'en rendait compte : ses parents lui témoignaient là, en vérité, une confiance extraordinaire. Il fallait qu'elle s'en montre digne. Elle et son frère Austin furent inscrits dans un lycée du coin. Au moins les élèves de Hendersonville étaient-ils plus amicaux que ceux de Pennsylvanie. « Une chanteuse ? Trop cool ! »

Désormais lycéenne, Taylor adorait ses cours de littérature. Le soir venu, elle composait, écrivait, raturait, jouait, aussi. On lui adjoignait des collaboratrices plus âgées et plus expérimentées pour lui apprendre le travail. De ces sessions, la jeune lycéenne sortit ce qui allait être sa première « vraie » chanson : *Tim McGraw*. Elle y revenait sur sa première histoire d'amour – s'il fallait appeler ça comme ça – avec un certain Brandon, dont elle avait fini par se séparer. Le chagrin que lui avait causé cette idylle avortée fournissait un bon carburant. Les mots et la mélodie lui venaient naturellement. Tout, on l'a vu, pouvait lui servir. Et cela incluait les joies de l'amour, les gouffres de la tristesse. Ses compositions étaient puissantes, convaincantes. Elles parlaient au cœur.

Bientôt, sa popularité grandit, au point que la maison de disques Sony, qui avait écouté ses maquettes, lui proposa d'écrire… pour d'autres artistes, plus âgés et plus expérimentés. Taylor n'hésita pas. Elle coupa les ponts avec RCA, dont les responsables, sentait-elle, ne croyaient pas réellement en elle.

Puis il y eut un coup de foudre – un coup de foudre artistique. Un dénommé Scott Borchetta, qui avait travaillé pour Universal et avait lancé DreamWorks Nashville, l'avait entendue jouer dans un café de la ville, pour un concert acoustique.

Assis parmi les autres clients, Borchetta avait fermé les yeux, frappé par le talent de la jeune fille, son naturel, sa force de conviction. Peu de temps après, il arrangea un rendez-vous avec elle et ses parents.

– Bon, il y a un potentiel : ça, c'est dit. Le truc, c'est que je ne travaille plus pour Universal. Mais vous savez quoi ? Je m'apprête à lancer ma propre maison de disques. Big Machine Records. Je sais que tu es très jeune, Taylor, mais moi, je crois en toi, alors si tu veux faire partie de l'aventure...

Gravement, la jeune fille hocha la tête. La façon dont cet homme lui parlait de sa musique, de ses compositions, de sa voix... Tout cela lui plaisait – mince, tout cela lui plaisait *énormément*. Elle avait attendu ce moment toute sa vie.

4

LE GRAND BAIN

Signé en 2005, enregistré en 2006, l'album *Taylor Swift* sortit en octobre de cette même année. Taylor avait 16 ans. Le matin du grand jour, elle avait été invitée à l'émission *Good Morning America*, enregistrée à New York.

Sur ce disque figuraient des titres composés lors de sa première année de lycée, un mélange détonnant de country et de pop habitée. *Tim McGraw*, son premier single, sortit lors de l'été précédent. C'était une chanson d'amour et de rupture, un chant du cygne, l'évocation poignante d'une passion perdue.

– Ça va toucher tellement de gens ! clamait Borchetta.

Ce n'étaient pas des paroles en l'air. Borchetta avait du flair, et il ne s'était pas trompé. Tout de suite, le succès fut au rendez-vous. Porté par ce single, et par *Teardrops on My Guitar* et *Our Song,* l'album se hissa sans tarder vers les sommets du Billboard 200, le classement américain des ventes d'albums.

Les fans – surtout des filles – commençaient à apprendre ses chansons par cœur. En interview, Taylor tentait de garder la tête froide.

– Ce que j'écris, c'est ce que je ressens. Et ce que je ressens, d'autres le ressentent aussi. Je crois que ça suffit à expliquer mon succès.

La critique était sous le charme. « Un petit chef-d'œuvre de country aux accents pop, à la fois crédule et cynique... », écrivait un journaliste. D'autres évoquaient son honnêteté, sa finesse, son idéalisme... « Miss Swift est partie pour durer. »

Les stations radio passaient ses chansons. Quelle émotion lorsqu'elle entendit *Tim McGraw* pour la première fois !

Épaulée par sa mère, Taylor veillait à alimenter les réseaux sociaux. À l'époque, on parlait beaucoup d'un site appelé MySpace, qui permettait de partager de la musique, et Facebook n'en était qu'à ses balbutiements. Bientôt, la jeune fille dut faire ses adieux au lycée – elle allait passer aux cours à domicile. Enfin, à domicile ou ailleurs, sur la route, par exemple... Car, avec sa mère, Taylor se pliait à l'épuisant rituel de la tournée des radios pour promouvoir ses chansons.

– Tu as préparé des cookies ? demanda sa mère un matin, la voyant avec une boîte en plastique sur les genoux.

– Oui, pour les techniciens.

– Tu ne laisses rien au hasard, hein ?

– Le moins possible !

Cette volonté valait aussi pour les concerts, où la jeune fille se donnait toujours à fond, quelles que soient les circonstances et la configuration de la salle. Quand elle le pouvait, elle fixait un spectateur au premier rang, fille ou garçon, le regardait dans le blanc des yeux, pour lui donner l'impression qu'elle ne chantait que pour lui, et que le souvenir de la soirée soit inoubliable.

Le rocker country Brad Paisley fut l'un de ceux qui l'accueillirent en première partie de ses concerts, avec Kellie Pickler, une candidate de l'émission *American Idol* avec laquelle Taylor s'entendit immédiatement à merveille.

– Kellie est comme une sœur pour moi, expliquait-elle à sa mère. On est très différentes, et tout à fait pareilles. Elle est sincère, farouche, directe.

Des « sœurs », Taylor en croiserait un paquet au cours de sa carrière. Des étoiles filantes, des météores, pour la plupart. Et puis certaines valeurs sûres. De celles qui ne vous lâchaient jamais la main, quelle que ce soit la couleur du ciel.

Le succès, en attendant, ne cessait de grandir… Quand elle rentrait chez elle, Taylor s'efforçait de mener une vie aussi « normale » que possible. Rester en contact avec l'adolescente en elle, se tenir à l'écart de la « star en devenir » était vital pour son équilibre mental. Elle écoutait des disques, mangeait de la crème fouettée, jouait avec son chat. Au début de l'année 2007, on lui annonça que son premier album, écoulé à cinq cent mille exemplaires, était devenu disque d'or.

– C'était mon objectif, déclara-t-elle devant ses parents qui, sonnés, avaient ouvert le champagne pour l'occasion.

– Sérieusement ? demanda Scott.

– Pourquoi pas ? Si je chante, c'est pour être entendue.

À la cérémonie des *Country Music Awards* (où, hélas, elle ne remporta aucune récompense), elle présenta un morceau du grand Tim McGraw devant son interprète en personne. Tim McGraw ! Celui qui lui avait inspiré le titre de son premier single ! N'était-ce pas dingue ? (Ce qui le serait encore plus, c'est quand, en 2013, devenue une star véritable, elle chanterait une chanson en duo avec lui sur son douzième album).

La presse et les commentateurs continuaient de faire les yeux doux à la petite fiancée de l'Amérique. Nombreux voyaient en elle une future star, si elle n'en était pas déjà une. Taylor accueillait ces marques de confiance avec pondération.

Bientôt, son album devint disque de platine. Un million d'exemplaires vendus ! Pour un premier album, c'était tout bonnement phénoménal. D'autant que le disque continuait de vivre sa vie, jusqu'à atteindre la première place du classement des albums de country. Déjà, elle était sollicitée pour des actions en faveur des jeunes. L'un des fruits inattendus de la célébrité… Accompagnant le gouverneur du Tennessee, elle s'adressait directement à des élèves à peine plus jeunes qu'elle. « Faites attention aux rencontres organisées en ligne. Connaître quelqu'un sur le Net, ce n'est pas le connaître dans la vraie vie. »

Taylor ne donnait pas seulement de son temps. Lorsque la ville de Cedar Rapids (Iowa) subit une grave inondation, elle signa un chèque de cent mille dollars à la Croix-Rouge pour les frais de nettoyage et d'assistance.

Pour le Noël de l'année 2007, elle sortit un album en édition limitée, avec quelques chansons nouvelles et des classiques de la saison – *Santa*

Baby, Last Christmas, etc. Son cadeau à elle, ce fut lors des *Country Music Awards* de cette année-là qu'elle le reçut, en remportant le prix de la meilleure nouvelle artiste des mains de Carrie Underwood, l'une de ses idoles, elle-même couronnée deux fois – meilleur single et meilleure interprète féminine. Taylor, qui avait chanté *Our Song* vêtue d'une robe noire courte et de gants longs, changea de tenue pour l'occasion et, quand son nom fut annoncé, porta ses mains à son visage avant de se tourner vers sa mère.

– Oh, Maman, on l'a fait, on l'a fait !

Sur scène, transie d'émotion, elle livra un discours aussi digne qu'émouvant. « Je n'arrive pas à y croire… Je veux remercier Dieu, et je veux remercier ma famille aussi qui, en acceptant de déménager à Nashville, m'a permis de réaliser mon rêve. »

Suivirent d'autres hommages, d'autres manifestations de reconnaissance, et quelques larmes pour finir, vite essuyées. « Vous avez changé ma vie, annonça-t-elle à ses fans. Je crois que c'est vraiment le temps fort de mon année de terminale ! »

Il y eut des rires dans le public. Avec son humour et son charme, son naturel invincible, la jeune fille raflait tous les suffrages.

Borchetta secouait la tête.

– Pour être honnête, Taylor, je m'imaginais que les choses allaient bien se passer, mais certainement pas à ce point-là. Disque de platine ? Tu sais quoi, je suis content que tu n'aies pas gagné de *Grammy*. Ça viendra, tu peux me croire. Mais ça ne sert à rien d'être pressée, crois-moi ! Ce qu'il faut, c'est travailler, travailler, travailler... Mon boulot, c'est de te protéger. Ton boulot à toi, c'est de te ménager.

Taylor acquiesçait. Elle venait de fêter son dix-huitième anniversaire – une célébration mémorable, organisée par ses parents.

Des histoires de vedettes propulsées au sommet à peine sorties de l'enfance, puis disparaissant des radars quelques années ou quelques mois plus tard, elle en avait entendu des tonnes. En fait, elle avait peur de connaître ce destin, et c'était cette peur qui lui permettait de maintenir un niveau d'exigence élevé. Borchetta et ses parents veillaient sur elle.

Ils savaient qui elle était : à l'extérieur, une grande star en devenir. À l'intérieur, une jeune fille à peine sortie de l'adolescence. Avec un cœur d'artichaut, et pas mal d'illusions encore…

5

LOVE STORY

Taylor faisait la « Une » de certains magazines. Les journalistes *people* ne savaient pas trop quoi penser d'elle. La petite fiancée de l'Amérique ? La country girl du Tennessee ? À d'autres !

Sa mère l'avait mise en garde.

– Ces gens peuvent se révéler de vrais vautours. S'ils ne trouvent pas d'histoires sur toi, crois-moi, ils en inventeront !

Impassible, sa fille continuait de garnir son étagère à trophées. Les *Country Music Television Awards* de 2008 lui en avaient offert deux nouveaux, dont celui de « clip féminin de l'année ». Ce soir-là, elle la passa en partie pieds nus, puis enfila une robe noire, un Borsalino et des bottes de cow-boy pour chanter *Picture to Burn*. Quand la chanson s'emballa pour de bon, elle balança son chapeau au loin et libéra sa chevelure. Pour une autre cérémonie, celle des *Country Music Awards*, qui se tenait à Las Vegas, elle commença à gratter sa guitare gentiment, vêtue d'un sweat à capuche, puis abandonna l'instrument dans les coulisses et se jeta sur son micro tandis que des danseurs lui ôtaient sa tenue, dévoilant une robe noire du plus bel effet.

Peu de temps après, nommée aux prestigieux *Grammy Awards* dans la catégorie « meilleur nouvel artiste », elle rentra bredouille. Le prix avait été raflé par une certaine Amy Winehouse, dont on parlait beaucoup ces temps-ci. Quand la jeune fille, des années plus tard, se rappellerait ce moment, elle ne pourrait s'empêcher de frissonner. En un rien de temps, Amy avait touché le jackpot... et puis elle était morte, abîmée par le succès et les passions malheureuses.

Pour l'heure en tout cas, Taylor en avait fini avec le lycée. Fraîchement diplômée, lors de l'été 2008, elle était fière d'avoir été jusqu'au bout.

– C'est grâce à mes parents, rappelait-elle en interview. Ils m'ont toujours aidée à garder les pieds sur terre, et à combiner mes ambitions avec une éducation traditionnelle. Je n'ai pas trahi mes rêves, mais je n'ai pas trahi le lycée non plus...

Son premier album, désormais, était triple disque de platine. Il était temps de lui offrir une suite. *Fearless* était son nom : « Sans peur ». Pendant des mois, elle avait travaillé dessus de façon acharnée. C'était le passage à ne pas manquer, la fameuse seconde marche sur laquelle tant d'artistes trébuchaient.

Le premier single, *Love Story*, arriva dans les magasins le 12 septembre 2008. Les paroles racontaient l'histoire tragique de Roméo et Juliette signée Shakespeare, mais elle avait changé la fin – trop triste à son goût.

– Je leur ai donné celle qu'ils méritaient, expliqua-t-elle dans une interview donnée à la radio. Mais il n'y a pas que ça. C'est aussi l'histoire d'un amour empêché...

Ce jour-là, elle n'en dit pas plus, mais il n'était pas interdit de penser que ce titre s'inspirait également d'une expérience personnelle.

La chanson, quoi qu'il en soit, cartonnait, et pas seulement aux États-Unis ou au Canada. Troisième place des charts en Nouvelle-Zélande, deuxième en Grande-Bretagne, première en Australie.

Taylor avait pris le large et, lentement mais sûrement, s'était écartée de ses inspirations purement country du début.

Sur le plan des paroles, elle s'adressait à sa génération : les jeunes gens effrayés et pleins d'espoir, ceux qui sortaient de l'enfance et s'avançaient avec appréhension dans le monde des adultes. Il y avait de la douleur et des larmes, des souvenirs et des yeux secs, des espoirs et des « crushs » avortés, du manque et de la tromperie. « Vous n'êtes pas seuls », chantait Taylor. Plus que jamais, elle faisait preuve d'un talent remarquable pour traduire les émotions de son âge. L'album ne manquait pas de chansons tristes, mais Taylor ne voyait pas cela comme une chose négative. Se confronter à son chagrin, le regarder bien en face était la meilleure façon de le vaincre... et de passer à autre chose.

La chanson *White Horse*, initialement mise de côté pour plus tard, fut repérée par les producteurs de la série télévisée *Grey's Anatomy*, qui demandèrent à la maison de disques s'ils pouvaient la diffuser au début de la cinquième saison. Taylor battit des mains, enchantée ! Cette série était l'une de ses préférées...

Il n'empêche : découvrir l'accueil qui allait être fait à son nouvel album la stressait beaucoup.

Les premiers retours se révélèrent pourtant très positifs. Son regard sur « les émois adolescents » enchantait, son don pour se mettre « dans la peau de ses fans » ne cessait de surprendre. Pas de doute, c'était une experte de la pop, experte en « nostalgie mélancolique ». Les critiques aimaient surtout *Fifteen*, un « régal de précocité », un « conte précieux ». Taylor, louait un journaliste, savait en outre faire preuve d'humour et de légèreté. Et quand certains regrettaient le ton aseptisé ou fabriqué de certaines de ses chansons, elle savait que l'honnêteté était la meilleure des réponses. « Il n'y a rien de préparé, rien de fabriqué. Je reste naturelle. J'ai écrit *Love Story* en vingt minutes, allongée sur le sol de ma chambre. Oui, j'écris pour le public. Ce serait mieux d'écrire, euh, *contre lui* ? »

D'un point de vue musical, la désormais jeune femme était d'accord pour admettre qu'un cap avait été franchi. La country était sa « nation première » mais, oui, ses chansons présentaient aussi une coloration pop, et plus universelle.

Country ou non, le public était au rendez-vous. Les ventes de *Fearless* démarraient fort, bien plus fort que celles du premier album. Le disque atteignit apparemment sans effort la première place du classement Billboard 200.

Taylor en était heureuse, à plus d'un titre.

– Ça montre que je ne suis pas la fille d'un moment, confia-t-elle à son père un soir au téléphone, alors qu'elle se trouvait à New York pour une émission de promo. Ça montre que je ne suis pas superficielle.

– Mais moi, je le savais ! clama son père. Je l'ai toujours su.

– Merci, Papa. Je t'aime.

– Je t'aime aussi.

Elle raccrocha. Elle était seule, dans une chambre d'hôtel, les lumières de la ville clignotant à ses pieds.

Une nouvelle pluie de récompenses se mit à tomber. Aux *American Music Awards*, elle remporta le prix d'artiste country féminin préféré – c'étaient les fans qui avaient voté, et cela la rendait particulièrement fière.

La presse, qui suivait maintenant avec une grande attention les moindres gestes et les moindres déclarations de la star, entra en ébullition lorsque, pour la première fois depuis le début de sa carrière, Taylor officialisa une liaison – avec le beau Joe Jonas, des Jonas Brothers. Les deux tourtereaux, qui s'étaient rencontrés lors de l'été précédent, avaient commencé à jouer au chat et à la souris avec les médias. Ils avaient été vus mangeant une glace ensemble près de chez elle, Joe avait été aperçu dans les coulisses lors de l'un des concerts de la jeune femme, coiffé d'une casquette de baseball. Taylor ne savait trop comment se comporter.

Elle avait souvent expliqué que, tant qu'à faire, elle aimerait fréquenter quelqu'un de « connu », qui comprenne ce que la gloire et la pression voulaient dire. Sortir avec Joe, cependant, l'obligeait à une discrétion accrue. Sur Internet, certains commençaient à raconter que la chanson *Love Story* parlait en réalité… de lui. Aussi vite qu'elle avait fleuri, l'histoire de leur liaison fut salie, et déformée. On disait qu'ils avaient rompu, ou que Taylor était tombée enceinte, ce qu'elle nia avec véhémence. « Ridicule ! Ridicule et impossible, vous pouvez me croire. » On racontait que Joe avait trompé Taylor. Salaud, Joe ! Comment oses-tu ?

Quoi qu'il en soit, la jeune femme ne tarda pas à confirmer la fin de l'idylle. « Il a rompu avec moi par téléphone. Vingt-sept secondes chrono. La rupture la plus rapide de l'histoire. » Joe, évidemment, fournit sa propre version des faits mais, dans l'ensemble, resta digne et mesuré.

– Voilà tout de même une bonne leçon, expliqua sa mère à Taylor. Quand tu es célèbre, tu ne t'appartiens plus. Disons que c'est plus difficile. Si tu veux avoir le contrôle sur ce qu'il se raconte, tu dois présenter *ta* version de l'histoire. Ce qui t'oblige à sortir du bois, comme on dit. Un vrai cercle vicieux !

Taylor approuva. Ce qu'elle ne voulait pas, c'est qu'on l'éloigne de la musique : qu'on la range dans la catégorie des starlettes, de celles qui aiment se retrouver en couverture des magazines à scandale. Ce n'était pas elle, ça, pas elle du tout !

Heureux hasard : elle allait bientôt partir en tournée. L'événement s'annonçait pharaonique. Le Madison Square Garden de New York, par exemple, avait vu ses quarante mille places achetées en une minute. La plupart des stades où elle devait se produire affichaient complet en quelques secondes. Bataille rangée sur Internet !

Taylor et son équipe, il faut le dire, avaient mis les petits plats dans les grands, et la jeune femme exigeait un contrôle artistique total sur les éléments de la tournée, de la chorégraphie aux images projetées sur scène, en passant par l'éclairage, l'ordre des chansons, les costumes, etc. Même la décoration des coulisses était soumise à son approbation.

– Ne rien laisser au hasard, expliquait-elle à qui voulait l'entendre, c'est être certaine qu'on donnera au public ce qu'il mérite. Je sais qui sont mes fans, je sais ce qu'ils veulent et la moindre des choses, c'est de combler leurs désirs...

Le premier concert avait lieu dans une salle d'Evansville, Indiana. Avant le spectacle, Taylor rassembla son équipe, comme on s'adresse à une équipe sportive avant un match.

– Vous êtes ma famille, d'accord ? Tout ce qui m'arrive de beau, de bien, c'est à vous que je le dois. On est ensemble. Ça va être génial !

Et ça le fut, évidemment, dans des proportions énormes, inédites. Le public était aux anges. L'énergie, sur scène et parmi les fans, atteignait des niveaux incroyables.

À chaque concert, Taylor modifiait des détails, rectifiait des erreurs. Son perfectionnisme n'était plus un secret, mais son professionnalisme, pour une artiste aussi jeune, surprenait même les plus aguerris. Elle n'avait que 19 ans !

Arriva la cérémonie des *MTV Video Music Awards*, à Manhattan, qui se déroulait au Radio

City Music Hall. La soirée, énormément suivie, avait commencé par un hommage à Michael Jackson, décédé peu de temps auparavant. Nommée dans la catégorie du meilleur clip féminin, Taylor faisait face à de sacrées clientes : Pink, Lady Gaga et Beyoncé ! Lorsqu'on annonça qu'elle était la gagnante, la jeune femme, dans un état second, grimpa sur scène sous une pluie d'applaudissements. Elle ajusta son micro et entama son discours. « Je me suis toujours demandé ce que ça ferait de gagner l'une de ces récompenses, mais je n'ai en réalité jamais imaginé que ça arriverait… » Et puis un homme arriva, Kanye West, le rappeur, qui lui prit le micro des mains et se tourna vers Beyoncé. « Yo, Tay, je suis réellement ravi pour toi et je vais te laisser finir, mais Beyoncé avait l'un des meilleurs clips de tous les temps ! » Taylor le dévisageait, stupéfaite. Personne ne comprenait ce qu'il se passait. Qu'est-ce que Kanye fabriquait ? Était-ce un gag de l'organisation, un numéro arrangé ? À en croire l'expression de Taylor, il était clair que non. Des huées commencèrent à monter au sein du public, auxquelles le rappeur répondit par un méchant doigt d'honneur. Assise parmi les spectateurs, Beyoncé, concernée elle aussi par l'incident, avait l'air positivement atterrée. Plus tard, lorsqu'elle monta sur scène à son tour, pour le trophée de la meilleure chorégraphie, elle rappela Taylor sur scène, et l'invita à reprendre son discours. Taylor approuva, et put enfin remercier ses partenaires, le réalisateur du clip, ses fans, etc. Sa reconnaissance envers Beyoncé était évidemment totale. « C'est mon héroïne et l'une de mes idoles depuis que je suis toute petite... Elle a toujours été une grande femme avant tout », déclara-t-elle plus tard en interview.

Paradoxalement, le mauvais coup que lui avait joué Kanye West eut pour elle des retombées positives : ceux qui ne la connaissaient pas encore la découvrirent ce soir-là, comme si un projecteur d'une puissance considérable avait concentré sa lumière sur elle. L'incident, qui avait fait les titres des journaux, fut commenté à travers tout le pays, et la chanteuse en était l'héroïne malheureuse. Pressé de s'excuser, Kanye West rédigea un discours mi-sincère mi-moqueur, qui n'arrangea pas sa réputation. « Je me sens mal pour Taylor et je suis sincèrement désolé !!! Avec beaucoup de respect !!! » écrivit-il, peu avare en points d'exclamation. Vous avez dit hypocrite ? Pink, Kate Perry et même le président américain Barack Obama offrirent leur soutien à Taylor. « Cette jeune dame semble être une personne tout à fait sympathique, déclara-t-il, elle reçoit sa récompense et qu'est-ce qu'il fiche là ? C'est un crétin. »

Deux jours plus tard, à la télévision, la chanteuse s'efforça de commenter l'épisode avec humour, expliquant qu'elle n'avait pas compris tout de suite ce qu'il se passait. « J'ai pensé : “Oh, Kanye West est là. Sympa, la coupe de cheveux ! Mais qu'est-ce que tu fais là ? Et puis : aïe.” Pour autant, elle ne tenait pas à en rajouter. Pour elle, l'incident était déjà clos. « Il y a des gens qui ont de vrais problèmes. »

Plus tard, après qu'il semblait s'être calmé, Kanye West se fendit de nouvelles déclarations désobligeantes. « Sur le principe, déclara-t-il au micro d'une station de radio new-yorkaise, je crois que j'ai eu raison. C'est sur le *timing* que j'ai été mauvais. »

Taylor ne donna pas suite. Au mois de novembre, présente sur la scène des *Country Music Awards* (elle était nominée dans quatre catégories), elle apparut plus éblouissante que jamais, dans une superbe robe, et remporta tous les prix. Aux *American Music Awards*, le mois suivant, elle en décrocha cinq dont celui d'artiste pop-rock préférée de l'année, où elle coiffa sur le poteau un certain… Michael Jackson.

Au *Saturday Night Live*, une émission de télé très populaire, les observateurs notèrent qu'elle avait su se montrer « amusante, pleine de finesse et d'autodérision ». Quelque temps plus tard, elle apparut dans un épisode des *Experts*, l'une des séries policières les plus regardées dans le monde.

Un autre (petit) rôle s'ensuivit, dans un film cette fois : *Valentine's day*, une comédie romantique à la distribution extravagante, avec Bradley Cooper, Jessica Alba, Jamie Foxx, etc. C'est sur le plateau qu'elle rencontra Taylor Lautner, son partenaire à l'écran, un acteur qui était en train de connaître un grand succès dans la saga *Twillight*. Dans le film, les personnages des deux Taylor devaient s'embrasser.

Bientôt, la rumeur d'une liaison commença à fleurir dans les médias. « Il y a tout de suite eu un déclic entre nous, assura l'acteur au magazine *Rolling Stone*, je l'adore, elle est drôle, magnifique, elle a un charisme dingue, ouais, on est très proches. » Taylor la chanteuse se montrait aussi évasive. « Il est génial, nous sommes vraiment proches et… »

Alors, liaison ou pas ? Trois mois plus tard, cependant, l'intérêt était déjà retombé. Oui, il y avait peut-être eu « quelque chose », concédait une source au magazine *US Weekly*, mais la relation n'était pas équilibrée, la chanteuse n'était pas « si emballée », ils allaient seulement rester amis.

6

UN VRAI MÉTIER

L'automne était là, Taylor allait bientôt avoir 20 ans, elle avait emménagé dans un appartement rien qu'à elle, à Nashville – sa base, son refuge.

– On ne va pas trop te manquer ? avait raillé son père.

Elle avait feint de le prendre au sérieux.

– Papa... On est voisins !

Elle savourait son indépendance, décorait les lieux à sa guise, en petite tenue, chantait toute seule dans les couloirs... Cette intimité, ce refuge contre les agressions du dehors était l'un de ses trésors les plus précieux.

« On » voulait la mettre en couple avec à peu près n'importe qui – un partenaire de clip, une star de série télé, etc. L'une des rumeurs au moins était vraie, celle qui la liait à l'acteur Jake Gyllenhaal, de neuf ans son aîné, qui s'était imposé dans des films aussi marquants que *Donnie Darko* ou *Le Secret de Brokeback Mountain*, et était sorti, notamment, avec les actrices Kirsten Dunst et Reese Witherspoon. Chacun savait ce qu'il devait savoir de l'autre – le talent, le succès – et chacun connaissait la nécessité de se protéger. Les deux jeunes gens, qui s'étaient croisés sur un studio télé, furent aperçus dans un restaurant, avec Emma Stone. Interrogée sur sa vie amoureuse dans le *Ellen DeGeneres Show*, Taylor décida de jouer franc jeu. Oui, elle était heureuse et, oui, elle était en couple avec Jake, qu'elle trouvait très beau, et très drôle. L'actrice Gwyneth Paltrow, la femme de Chris Martin (le chanteur de Coldplay) raconta à un journal américain qu'elle avait reçu le couple pour dîner à Londres. Cette année-là, la jeune chanteuse fêta Thanksgiving avec la famille de Jake plutôt qu'avec la sienne : ça voulait dire quelque chose ! Les médias s'emballaient… Taylor et Jake dans un café de Brooklyn... Jake et Taylor à Nashville, main dans la main, en promenade... Les photographes étaient partout à l'assaut.

– Fais attention à toi, glissa Andrea à sa fille.

Taylor opina. Interviewée, elle restait désormais assez vague. Sa vie privée devait rester privée. Les autres parlaient à sa place. Taylor était « très éprise », déclara une source. Jake la trouvait « douce et facile à vivre ». Elle avait, apparemment, pris un jet privé pour le rejoindre à Londres, dans un hôtel de luxe. Un mariage était-il en vue ? Les rumeurs se propageaient, incontrôlables... On évoquait des cadeaux luxueux, un bracelet incrusté de diamants, des serments sous la lune, bientôt ? D'autres journaux notaient toutefois que Taylor avait passé Noël avec ses proches, et non avec son prétendu fiancé... Les deux vedettes, à vrai dire, vivaient la situation assez mal. Ils avaient l'impression d'être espionnés, traqués sans cesse. La pression était immense, et Taylor se plaignait auprès de ses parents.

– Tout ce cirque est ridicule. Bientôt, je vais devoir creuser un tunnel pour sortir de chez moi

Si je veux raconter quelque chose, je le ferai dans une chanson. Merde !

Scott et Andrea échangèrent un regard inquiet. Ils l'avaient rarement vue dans un tel état de nerfs...

La chanteuse ferma les yeux. Il fallait qu'elle se recentre. Aux *Grammys* de 2010, elle venait de gagner le prix de la meilleure interprétation féminine pour *White Horse*, et son album avait été couronné comme le meilleur de l'année, mais sa performance sur scène s'était révélée un fiasco – problème de rythme, voix mal posée. Les critiques, qui l'avaient portée aux nues quelques mois plus tôt, la descendaient maintenant en flèche.

Dans son bureau, quelques jours plus tard, Scott Borchetta avait croisé les bras.

– On s'en fout. C'était attendu. Je veux dire, ils adorent brûler ce qu'ils ont adoré. C'est une phase. Tu fais le dos rond, et tu oublies ça, d'accord ?

– Oui mais...

– Taylor. Regarde-moi : les ratés, ça arrive aux meilleurs. Tu as déjà grimpé sur scène des centaines de fois. C'est ton *métier*. Je veux bien croire que tout ça est blessant, mais tu ne dois rien à ces gens. Tu vas remonter en selle et leur faire fermer leur clapet, entendu ? Ils disent que tu chantes mal ? Mince, tu as gagné le *Grammy* du meilleur album ! C'est comme un *Oscar* au cinéma. On s'en fout, de ce qu'ils pensent ! Ce nouveau disque, il avance ?

Taylor fit signe que oui. En vérité, elle avait commencé à travailler au successeur de *Fearless* dès la sortie de ce dernier.

7

LA VIE EN ROUGE

Mine, premier *single* du nouvel album *Speak Now,* sortit le 4 août 2010, après avoir fuité sur le Net. Aux États-Unis, il se hissa à la troisième place du classement des *singles.* Une chanson d'amour, une fois encore, qui évoquait la façon dont on pouvait se détourner de ses sentiments, en avoir peur. S'adressait-elle à une personne en particulier ? Peut-être bien que oui – quelqu'un s'était reconnu, avoua Taylor, et d'autres chansons avaient été écrites avec d'autres garçons en tête, mais quelle importance ? Ce qui primait était la portée universelle de l'expérience.

Une fois encore, bien sûr, l'amour était la grande affaire de l'album. Il allait se loger à la première place du Billboard 200, s'écouler à 1 047 000 exemplaires dès la première semaine, classer ses quatorze chansons dans le top 100, « scorer » en Australie, au Canada, au Royaume-Uni, dans le monde entier. Une tournée planétaire allait s'ensuivre : cent onze concerts sur quatre continents, dix-sept pays, 150 millions de dollars de bénéfices, 1,5 million de spectateurs... Un raz-de-marée ! Un marathon éreintant, aussi. À certains moments, propulsée, Taylor volait *littéralement* au-dessus de la foule. Puis elle changeait de tenue. Criait, disparaissait, jouait du banjo, dansait, faisait chanter le public en transe, dansait encore. Rendait tout ce qui lui avait été donné.

Sur le plan musical, la jeune femme avait bel et bien délaissé la country pour s'aventurer sur les terres de la pop et du rock alternatif. « Sauvage, musicalement varié, excellent ! », s'enthousiasmerait le *New York Times*. Parmi les titres détonnant, *Never Grow Up* était une chanson un peu particulière. « Ne grandis jamais ! » Taylor se rappelait la petite fille qu'elle avait été, et mesurait le chemin parcouru. Elle avait pris de l'âge. Ses parents, son frère aussi... D'autres chansons étaient plus furieuses, plus rock – les préférées d'Andrea, qui n'avait pas renoncé à sa jeunesse tapageuse. *Better Than Revenge* était l'une d'elles, qui évoquait une autre femme, avec laquelle l'un de ses petits amis l'avait sans doute trompée.

Sa célébrité, en tout cas, atteignait des proportions stratosphériques. La tournée *Speak Now* avait été l'une des plus lucratives de tous les temps. « Femme de l'année ! », clamaient des magazines. « Elle déchire ! » À présent, le monde entier connaissait son nom. On se penchait sur son histoire, ses origines. Les demandes d'interview pleuvaient. Taylor se prêtait au jeu : souriante, toujours, coopérative. Elle savait ce qu'elle devait aux médias. À un journaliste anglais, qui lui demandait quel était le secret de son succès, elle répondit avec simplicité.

– Nous ressentons tellement d'émotions. Parfois, nous nous sentons perdus, asphyxiés. Moi j'essaie de raconter les choses en trois minutes.

De développer un moment, un ressenti. De voir où ça nous mène.

– Une confession, ou une histoire ?

La jeune femme sourit.

– Ça, c'est vous qui décidez.

On continuait, évidemment, à lui prêter des liaisons avec un nombre incalculable de chanteurs, d'acteurs, de stars diverses et variées. Des personnalités du monde public, même, comme le petit-fils de Robert E. Kennedy, avec lequel elle sortit en effet quelques mois, courant 2012. Un déjeuner dans une pizzeria, un baiser volé, et les journaux s'enflammaient, Internet bruissait de rumeurs. L'histoire s'acheva dans le calme. Taylor essayait de ne pas se donner en spectacle. Les crises, les insultes, les déclarations définitives, les batailles sur le web ou dans la presse ? Très peu pour elle.

On se mit à parler de Harry Styles – la star montante, son pendant masculin, un membre du groupe One Direction, celui qui sortait du lot. Il s'en amusait. « Si vous lisez les journaux, je dois avoir quelque chose comme sept mille petites copines. »

Taylor était l'une d'elles. Ne l'avait-on pas vu danser, lors d'une soirée de remise de prix, pendant la prestation du groupe ? Très vite, on tendit le micro à Harry. « Taylor ? C'est la fille la plus gentille du monde. Elle est sincèrement sympathique, extrêmement talentueuse et mérite tout ce qu'elle a. »

Justin Bieber, une autre vedette très en vue, avait laissé entendre qu'il y avait quelque chose entre ces deux-là. « On m'a fait jurer de garder le secret », avait-il déclaré malicieusement. Rien de mieux pour alimenter les ragots ! En attendant, les médias manquaient d'une preuve tangible. En décembre 2012, une photo de Harry et de Taylor, visitant le zoo de Central Park, mit le feu aux poudres. N'étaient-ils pas partis à l'hôtel ensuite ? N'avaient-ils pas été vus à une soirée, n'étaient-ils pas rentrés à quatre heures du matin, etc., etc. ? Plus tard, on raconta qu'ils avaient été vus en Grande-Bretagne.

Taylor s'envola pour l'Australie. Quelques jours au soleil avant Noël. Puis retour à New York, pour le réveillon du Nouvel An. À présent, et sans que les preuves soient devenues très probantes, on racontait qu'elle et Harry projetaient de se marier.

– Si tu savais comme ça me fatigue... dit-elle à sa mère au téléphone, au premier jour de janvier.

– Ton père voudrait parler à Harry.

– Pour lui dire quoi ?

– Je ne sais pas trop, ma chérie ! D'y aller doucement ?

– Maman...

– Je vais lui causer, ne t'inquiète pas.

Red, l'album suivant, sortit en octobre 2012. L'histoire avec Harry était terminée. N'avait-elle jamais commencé ? Certains commentateurs s'en étaient amusés. « Finalement, ne s'agissait-il pas seulement d'une opération de promotion déguisée ? » s'interrogeait un blogueur influent. « Je veux dire, de quelles preuves tangibles dispose-t-on ? »

Quoi qu'il en soit, Taylor ne manquait pas de sujets de réflexion pour son nouveau disque. Une fois encore, ses horizons musicaux s'élargissaient.

La première piste, le morceau *State of Grace*, avec son intro dynamique, n'était rien d'autre qu'un titre de rock pour stade euphorique, dans la lignée de ce qu'aurait pu composer un groupe comme U2. La petite fille de la campagne était bien loin. Désormais, Taylor s'avançait en conquérante, fière et assurée, guitare en bandoulière. Plus uniquement une star, mais *la* star, quelqu'un capable de vous faire passer par tous les niveaux d'émotion, de vous faire pleurer ou danser d'un morceau à l'autre, et parfois au sein du même titre. Ses fans ne s'y tromperaient pas qui, lors des concerts de la nouvelle tournée, dans tous les stades du monde, lèveraient le poing et se déhancheraient en hurlant, pris d'une frénésie incontrôlable.

Une fois encore, les « déchiffreurs », ceux qui inspectaient chacune des chansons de la belle à la recherche de signes et de symboles, seraient servis : seize morceaux, pas un de moins, et autant de pistes à suivre. Pour *Treacherous*, le troisième morceau de l'album, la chanteuse avait fait appel à Dan Wilson, chanteur du groupe Semisonic, qui avait écrit le *Someone Like You* d'Adele, un tube planétaire. *Everything has changed*, lui, était chanté en duo avec Ed Sheeran. D'une façon générale, Taylor commençait à s'entourer, d'une part, des plus grandes stars de la pop actuelle, de l'autre, des compositeurs les plus talentueux, et pas nécessairement les plus connus. Le résultat, c'est que son disque était un concentré inédit de mélodies acidulées, de punk, de rock, de R&B et, comme un retour aux sources, de country.

– Ce que vous avez réussi à faire est dingue ! s'enthousiasmait le présentateur d'une émission de télé en agitant la pochette de l'album. Je veux dire, il y en a pour tous les goûts là-dedans, c'est comme une sorte de *best of* de tout ce que la pop a pu produire au cours des cinquante dernières années, et pourtant, vous en faites un tout cohérent, les gens s'y retrouvent, vous pouvez les embarquer n'importe où, ils vous suivent !

Taylor opinait, ravie. Passer d'un genre à l'autre lui était maintenant parfaitement naturel et le présentateur avait raison : ses fans lui faisaient confiance, comme on s'en remet à une guide ou à une magicienne. « Emmène-moi où tu veux ! »

– Et il y a une chose que je voudrais ajouter, embraya le journaliste, c'est que malgré tout ça, malgré l'incroyable succès de votre album – on rappelle que *Red* s'est encore vendu à plus d'un million d'exemplaires en première semaine, ici, je crois que, pour une artiste féminine, c'est un exploit inédit dans l'histoire de la musique – malgré votre succès, donc, vous restez imperturbablement calme, naturelle, j'allais dire « abordable »…

– Merci de dire ça, répondit la jeune femme. « Naturelle », j'essaie, je vous laisse imaginer à quel point ça peut être difficile, mais ce que je voudrais rappeler aux fans, c'est : « Je ne suis pas différente de vous. » Je suis faite des mêmes tristesses, des mêmes joies, des mêmes colères, des mêmes enthousiasmes. J'écris sur ce que je ressens. Avec mes forces et ma vulnérabilité. Parce que des faiblesses, j'en ai. Par exemple, j'ai traversé récemment une période de blocage créatif assez terrifiante, ça a duré six mois, je me suis dit : « ça y est, je suis à sec ». Et puis c'est revenu. Ces choses-là sont assez mystérieuses. Parfois, je me rappelle que j'ai 22 ans, que tout reste à découvrir…

– On raconte que pas mal de chansons parlent de votre relation avec Jake Gyllenhaal.

Taylor sourit.

– Je n'explique pas mes chansons. Il y a des éléments très explicites, oui, et puis, ici et là, des symboles, des éléments qui m'échappent. Mais je mentirais si je prétendais que Jake n'a pas compté dans ma vie. Il compte toujours, d'ailleurs.

– Dans *The Last Time*, vous faites un duo avec Gary Lightbody, le chanteur du groupe Snow Patrol, c'est assez inattendu.

– C'est Ed Sheeran qui nous a présentés. Moi j'écoute toutes sortes de choses, et Snow Patrol, je connaissais, bien sûr, j'adore *Chasing Cars*, notamment. Gary avait cette mélodie accrocheuse, hypnotique, moi les paroles... Voilà, ça s'est fait comme ça. Une chose que je voulais préciser, c'est que je n'établis pas de différences sérieuses entre la grande musique populaire et les choses plus, disons, obscures. Le succès d'une chanson ne me paraît pas un bon critère d'analyse. Si vous aimez, vous aimez : point. Peu importe ce que pense le reste du monde, dans un sens ou dans l'autre.

Jake Gyllenhaal qui, apparemment, avait écouté l'album, déclara à Taylor qu'il avait eu l'impression de feuilleter un album photos. L'expérience s'était révélée « douce-amère » pour lui, mais il était heureux de l'avoir vécue.

Une page était tournée, pour lui comme pour elle, et elle considérait leur histoire avec un mélange de nostalgie et de reconnaissance. Si l'amour restait l'un de ses thèmes favoris en tant qu'artiste, il la travaillait naturellement toujours autant en tant que jeune femme.

– J'ai l'impression, en la matière, d'avoir suivi un cours accéléré, confiait-elle à un journaliste. J'apprends tous les jours. Oui, certaines chansons expriment du désarroi, de la colère. Mais on a le droit d'être en colère contre quelqu'un qui nous a fait du mal, non ? Je suis une autrice, avant tout, une vraie éponge émotionnelle. Tout m'affecte.

Sur certaines photos, son sourire paraissait crispé, figé. Elle avait de quoi être heureuse : son album s'était déjà écoulé à 6 millions d'exemplaires dans le monde. Elle avait de quoi être stressée, aussi. Car son statut de star mondiale, à présent, allait de pair avec une pression encore accrue, si une telle chose était possible. « Je vis dans un monde où je *sais* que mes petits-enfants, s'ils veulent savoir quelle tenue je portais aujourd'hui, pourront trouver la réponse sur Internet », déplorait-elle dans un entretien.

8

LE GRAND TOURBILLON

La peur : parfois, c'était le sentiment prédominant de sa journée. Taylor avait l'impression d'être attendue à chaque instant au tournant. Elle faisait des rêves où elle était huée, où le public quittait la salle. Elle restait seule sur scène, sa guitare à ses pieds. Les lumières s'éteignaient. Un vieux monsieur aux cheveux blancs commençait à passer le balai.

Et puis, il y avait des périodes de créativité bénies, qui pouvaient la prendre à n'importe quel moment. En pleine nuit, par exemple. Ces moments-là la rendaient merveilleusement heureuse.

La tournée de *Red*, une fois de plus, l'avait épuisée. Sept mois de folie, des scènes à niveaux multiples, des écrans géants, quinze danseurs, sept musiciens, quatre choristes, des canons à confettis... Et ces fans... Ces milliers de fans hurlants, qui la voulaient, la réclamaient, qui pleuraient, parfois, et suivaient chacun de ses gestes avec une telle intensité... Un combat, vraiment.

– Fais de la gym, lui conseillait son père. De la méditation.

Elle suivait ses conseils. Le stress était un ennemi mortel. Les attentes du public étaient maximales. Les récompenses continuaient de pleuvoir. Un *Grammy* pour *Safe & Sound*, une chanson écrite pour la bande originale de *Hunger Games* ? Je prends, semblait dire Taylor. Mettez-le avec les autres.

Il y eut la cérémonie des *BRIT Awards*. D'autres concerts. Une ouverture d'école à son nom – le Taylor Swift Education Center, qui ouvrirait à Nashville, et pour lequel elle avait donné 4 millions de dollars afin d'éduquer des jeunes à la musique. En 2012, elle avait perçu 60 millions de dollars.

En 2013, ce serait plus. Parfois, elle descendait chez ses parents, avide de retrouver le calme et la sérénité des débuts.

– C'est un tourbillon. Il m'arrive d'oublier que je sais nager.

Sa mère opinait. La créativité de sa fille, le sens des affaires de son époux, sa confiance à elle, inébranlable : tout cela, ils l'avaient mis en commun. Et voilà où ils étaient arrivés : sur le toit du monde. Un endroit où on voit tout, mais où personne ne peut vous suivre. Un lieu où l'oxygène devient rare.

– Je n'ai jamais été convaincue que je réussirai, annonça-t-elle un soir à ses parents. Ils disent que je suis une star, une étoile. Mais une étoile, ça meurt, non ?

Sa mère posa une main sur son épaule.

– Tu es l'étoile la plus brillante du ciel ! Et tu sais pourquoi ? Parce que tu vibres d'amour. Pour la vie, pour la musique, pour tes proches, pour tes fans. N'oublie pas de t'aimer toi-même, aussi. Retourne-toi, regarde le chemin parcouru. C'est de la folie, ma chérie. De la folie à tous points de vue.

Taylor sourit.

– Vivement la vieillesse. Vivement que je sois une vieille étoile tranquille. Quand j'aurai 40 ans, et que plus personne ne voudra me voir dans une robe à paillettes, j'irai enregistrer des chansons pour enfants. Un bon plan pour la retraite, non ?

1989, le cinquième album de Taylor (évidemment une allusion à son année de naissance) sortit le 27 octobre 2014 aux États-Unis. Il marquait un tournant. La chanteuse allait avoir 25 ans – dix ans, quasiment, s'étaient écoulés depuis le début de sa carrière. L'ado touchante et maladroite des débuts s'était transformée en vedette mondiale, porte-drapeau d'une pop sensible et joyeuse, touchante et décomplexée. Elle avait déménagé à New York, où elle s'était payé un duplex à Tribeca, pour la coquette somme de 19,9 millions de dollars – l'ancien appartement de Peter Jackson, le réalisateur du *Seigneur des anneaux*. « La petite fiancée de l'Amérique » ? Elle aimait à penser qu'elle l'était encore, mais de façon plus mûre à présent. Sa naïveté ? Un souvenir.

Elle ne se faisait plus la moindre illusion sur les médias et l'industrie musicale. Elle en tirait parti, avec toute l'élégance et la finesse dont elle était capable. Elle savait la nécessité de se réinventer, comme un amour. Le danger était de lasser. Le danger était que la « hype » aille voir ailleurs. Elle avait ses fans, toujours, ses millions de fans : une base solide et fidèle, sur laquelle elle pouvait s'appuyer, mais qu'elle ne devait en aucun cas laisser tomber.

Aux *Grammys* de 2014, *Red* avait été nominé dans la catégorie « album de l'année », mais n'avait pas gagné. Elle était rentrée chez elle, déçue, avait dîné avec quelques amis, avait essuyé une larme et était partie se coucher.

Un nouveau départ : voilà ce qu'il lui fallait. Une légèreté à retrouver. Une spontanéité, surtout. Certaines chansons lui étaient venues en dix minutes, expliquait-elle. Les autres ? Elle les avait laissé tomber. Sa poubelle à chansons était grande ouverte. Elle n'hésitait jamais à s'en servir.

– Lira-t-on un jour vos mémoires ? lui avait demandé une journaliste.

Elle avait ri, gentiment. Un livre ? Elle avait déjà ses disques. Chaque chanson comme un chapitre. Pour autant, *1989* serait différent. Il ne parlerait pas de garçons, pas de vengeance ou de séparation.

– Ma vie a changé, expliquait-elle encore. Je suis partie de Nashville. J'ai quitté la country pour de bon. Je me suis coupé les cheveux. C'est une autre dynamique. Je ne tiens pas à être spécialement cool ou avant-gardiste ou sexy ou je ne sais quoi. Je me perçois comme futée, bosseuse, forte parfois, faillible évidemment. Cet album, nous l'avons enregistré à L.A., à New York, à Londres, et même en Suède. J'ai resserré les liens avec mes collaborateurs. J'ai essayé de ne pas m'éparpiller. C'est, je crois, mon tout premier album officiellement pop. Je ne renie pas la country, c'est de là où je viens, c'est ma famille. Les radios spécialisées m'adorent, mais elles ne passeront probablement pas mes chansons. Aucune importance. Nous nous séparons, si j'ose dire, bons amis, et ce n'est pas un adieu définitif. Mais j'ai fait des choix.

1989, de fait, donnait la part belle aux synthés, à la pop nerveuse, sautillante, survitaminée. L'album, avançait-elle, était le reflet de sa vie à New York : aventureuse et sans complexes. Le premier single, *Shake it off*, porté par un saxo endiablé, suivant un rythme irrésistible, et accompagné d'une vidéo excitante qui, dix ans plus tard, aurait été visionnée plus de trois milliards de fois – oui, trois milliards ! – était un hymne à la confiance en soi. La chanteuse l'expliqua dans une interview donnée à *Rolling Stone*. « Les gens diront ce qu'ils veulent sur vous, on ne peut rien changer à ça. La seule chose que nous pouvons contrôler, ce sont nos réactions face à ce qui est raconté. [...] Pendant des années, les gens ont disséqué ma vie, mes actes, mes choix, mes mots, mon corps, mon style, ma musique... Lorsque votre vie est soumise en permanence à ce genre "d'examen minutieux", vous pouvez vous laisser faire ou vous pouvez esquiver la charge. Je suppose que j'ai choisi. »

Taylor paraissait plus heureuse que jamais, en vérité. Elle était célibataire et elle s'en moquait. Passer quelques années sans sortir avec qui que ce soit, c'était aussi, martelait-elle, apprendre à se connaître soi-même, à mieux gérer certaines choses. « On a besoin d'un break de batterie qui fasse en sorte que même la personne qui passe une très mauvaise soirée à un mariage passe en mode “C'est ma chanson !” », avait dit un producteur. *Shake It Off*, c'était ça : pas seulement un pied de nez aux réseaux, aux médias, aux « haters[2] » inévitables qu'elle moquait dans son refrain, mais aussi un tube imparable, qui donnait envie de pousser les meubles et de sauter partout.

D'autres titres, bien sûr, étaient plus calmes, mélancoliques parfois, certains, comme *This Love*, pointant des chemins inédits, que la chanteuse emprunterait bien plus tard, dans les albums de la maturité. Son disque ressemblait à un sac de bonbons colorés – certains plus acidulés, pour ne pas dire « amers », que prévu.

Les Swifties, comme on appelait désormais les fans de la jeune star, adoptèrent *1989* comme ses prédécesseurs : en se ruant sur le Net et chez les disquaires. Une fois encore, les ventes en première semaine excédaient le million d'exemplaires.

2. Groupe de personnes qui, en raison d'une détestation, passe son temps à dénigrer une cible, typiquement une célébrité, via les réseaux sociaux, souvent à l'aide de commentaires sur internet.

Lorde, une jeune chanteuse néo-zélandaise dont on parlait beaucoup, et qui était devenue l'amie de Taylor, fut l'une des toutes premières à l'écouter. Ed Sheeran faisait aussi partie des privilégiés. Leurs chansons préférées ? *Welcome to New York* pour l'une, *Bad Blood* pour l'autre – une chanson dont la vidéo, en moins d'une heure, serait visionnée plus de 20 millions de fois sur YouTube.

Un long fleuve tranquille ? Pas que. En se débarrassant de son image de gentille petite fille – celle qui ne fait pas de vagues, celle qui dit « oui » à tout –, Taylor était devenue plus sûre d'elle et de ses droits. Bientôt, elle s'en prit à Spotify et à Apple qui, selon elle, rémunéraient trop mal les artistes.

– On dirait une expérience mal maîtrisée, expliqua-t-elle dans une discussion en ligne. Ces plateformes ont besoin des chanteurs pour vivre, alors pourquoi ne les considèrent-elles pas ?

Son intervention, appréciée par la communauté artistique, aboutirait pour finir à des accords nouveaux, mais Taylor boycotta tout de même Spotify pendant trois ans.

Quoi qu'il en soit, la presse accueillit ce nouvel *opus* avec son enthousiasme habituel, le magazine anglais *NME* parlant de « classique » et même de « réponse de la nouvelle génération au *Thriller* » de Michael Jackson. « Elle vise encore plus haut, déclarait de son côté le *New York Times,* et aspire à une sorte d'intemporalité à laquelle peu de vraies stars de la pop peuvent rêver. »

D'autres supports, cependant, regrettaient que la chanteuse ait renié ses racines et délaissé la country de ses origines. « Elle se cherche encore », disait-on. « Si elle laisse tomber ce qui l'a rendue spéciale pour en arriver là, alors c'est dommage pour ses fans... et pour elle. »

– Je n'ai pas changé, disait-elle à sa mère au téléphone, comme si c'était elle qui avait émis ces critiques. J'ai changé la maison, mais j'ai gardé les fondations.

– À propos, quand est-ce que tu viens nous voir ?

– Euh...

De nouveau arrivait le temps de la tournée. Sept mois de planification, trois de répétitions... On pouvait reprocher certaines choses à Taylor, mais certainement pas de chômer.

Aux *Grammys* de 2016, *1989* remporta le prix du meilleur album – un juste retour des choses, après la déception de *Red*. À 25 ans, la chanteuse se trouvait déjà au sommet de sa gloire, à un âge où Madonna commençait tout juste à être célèbre, et où Beyoncé était encore loin de ses plus grands succès. Une question était sur toutes les lèvres : combien de temps allait-elle « durer » ? Pour nombre d'observateurs, le retour de manivelle était inévitable. « Ce qui est monté doit descendre, persiflait une blogueuse. Et Taylor est déjà en haut. Plus dure sera la chute. »

9

GROSSE FATIGUE

La jeune femme, pourtant, gardait la tête haute et les idées claires. C'était ce que lui avait tant de fois répété son père. « Ton succès, ce ne sera pas uniquement à ton talent que tu le devras. D'autres qualités entreront en jeu : le courage, la ténacité, la capacité à encaisser les coups et à se relever. C'est une épreuve de fond, tu sais ! Pas un sprint... »

Taylor savait, oui. Et sa carrière n'était pas tout : il fallait vivre, aussi. En 2015, elle avait commencé à sortir avec Calvin Harris, DJ, producteur, chanteur, auteur... Un touche-à-tout de génie. Aux *Billboard Music Awards* du mois de mai, ils n'avaient pas hésité à se montrer ensemble. En mars 2016, ils partirent tous les deux sous les tropiques. Un an déjà !

– C'est ton record, non ? se moquait Austin, son frère, qui travaillait désormais avec elle, et rêvait d'une carrière dans le cinéma.

– Vas-y, rigole.

Mais Austin ne rigola pas longtemps : peu de temps après, l'idylle se termina, assez douloureusement – la presse prétendant que Taylor avait coécrit avec lui une chanson pour Rihanna, alors qu'ils étaient supposés garder le secret.

Sur Tweeter, le DJ s'enflamma, prit la belle à parti... avant d'effacer ses messages.

Taylor essaya de passer à autre chose : avec l'acteur Tom Hiddleston, notamment, qui jouait Loki dans *Avengers*. Las ! cette histoire-là ne dura que quelques mois, au point que des sources suggérèrent, une fois de plus, qu'il ne s'était jamais rien passé.

Taylor s'en moquait. Ce qui l'ennuyait, c'était son incapacité à « faire tenir » une romance sur le long terme. À ses yeux, le coupable était tout trouvé : les médias.

– Déjà, on doit se cacher tout le temps. Comment mener une vie amoureuse normale ? Je rêve de ça. Et puis, il y a l'importance qu'on veut bien donner à tout ça. Je veux dire, j'ai déjà été avec des garçons qui me disaient : « N'aie pas peur. Laisse-les prendre leurs photos. Ça nous fera de la pub, non ? » Je ne vois pas les choses ainsi. Mes sentiments relèvent d'un domaine privé. Je ne veux pas les monnayer. Ils ne sont pas à mon service : ils font partie de moi, ils sont ce que je suis. Si je tombe amoureuse, ce n'est pas pour vendre plus de disques...

– Tu dois te protéger...

Sa mère le lui avait répété si souvent que Taylor avait fini par se moquer gentiment. « Tu devrais écrire ça sur un t-shirt, et le porter en permanence. »

Le conseil, cependant, n'avait jamais été aussi pertinent. En premier lieu, la jeune femme avait dû commencer par protéger... Andrea elle-même, atteinte d'un cancer du sein, au sujet duquel, évidemment, les journalistes voulaient en savoir plus.

Taylor s'adressa directement à ses fans. « Ma mère est bien soignée. Ça va aller pour elle. En cas de doute, n'hésitez pas à vous faire dépister. C'est une décision qui peut changer votre vie... »

Mais ce n'était là que le début des ennuis.

Le 17 juillet 2016, la foudre, soudain, s'abattit sur elle. Kim Kardashian, la femme de Kanye West, dévoilait sur son fil Snapchat une conversation téléphonique entre son époux et Taylor, dans laquelle cette dernière semblait approuver les paroles du titre *Famous* du rappeur. Dans l'un des couplets, Kanye West traitait la chanteuse de « garce » et l'intéressée, apparemment, avait donné son accord.

Par la voix de son attachée de presse, Taylor fit savoir que l'histoire était fausse, que Kanye l'avait bien appelée, oui, mais pour lui demander de sortir *Famous* sur son propre compte Twitter, ce qu'elle avait évidemment refusé. À présent, Kim l'accusait de jouer les victimes. Les réseaux sociaux s'enflammèrent, certains prenant le parti du rappeur, d'autres de la chanteuse.

Ce n'était pas la seule affaire qu'il lui fallait traiter. Quelques mois plus tard, un procès l'opposa à un ancien DJ qu'elle accusait d'avoir mis une main sous sa jupe en 2013, au cours d'une séance photo. À l'époque, la station de radio avait licencié l'animateur dans la foulée, mais le DJ avait contre-attaqué en justice, accusant Taylor de lui avoir fait perdre son travail. La chanteuse devait maintenant le poursuivre à son tour, pour agression sexuelle. Le procès s'avéra houleux. Les avocats du DJ l'accusaient d'avoir confondu. « Je ne vais pas vous permettre, à vous ou à votre client, de dire que c'est moi la coupable », répliqua la chanteuse. « Cette agression, ce n'est pas une supposition. C'est un fait. Vous pouvez me poser un million de questions à ce sujet et je ne répondrai jamais autrement. »

Taylor était très énervée. Elle s'en expliqua plus tard au magazine *Time* : « J'ai passé une semaine au tribunal, et j'ai dû écouter l'avocat de cet homme maltraiter, persécuter mon équipe, à propos de détails stupides et navrants, nous accusant de mentir. C'est pour cette raison qu'à un moment, j'ai parlé de "cul" et pas de "derrière". »

Le jury lui donna raison, et les médias prirent son parti. Il était important de briser le silence sur des sujets aussi graves, cela participait d'une prise de conscience globale et salvatrice. En clair, elle faisait bouger les choses.

– Je n'ai réclamé qu'un dollar de dommages et intérêts à ce crétin, expliqua-t-elle à une amie parce que je ne veux pas le ruiner, je préfère me servir de l'affaire pour adresser un message à toutes les femmes qui pourraient se retrouver dans ma situation.

Par la suite, Taylor exigerait que des caméras de sécurité soient installées à chaque séance de dédicaces, dirigées vers la moitié inférieure de son corps. « Pas question de revivre un truc pareil. »

Plus tard, un quotidien anglais en profiterait pour lui demander si elle avait été victime d'autres agressions.

– Agressions de qui, de quoi ? demanda-t-elle au journaliste.

– Eh bien, par exemple, on sait que vous avez été en contact avec Harvey Weinstein… Vous avez même travaillé pour lui, de loin. Et on ne peut pas dire que sa réputation soit reluisante.

– Vrai. Mais il ne m'a jamais maltraitée, je n'ai jamais été confrontée à ça. On parle d'abus liés au pouvoir, si je ne m'abuse. Et moi, je suis rarement dans une situation de vulnérabilité. J'ai de la chance, à cet égard. Beaucoup de chance.

L'entretien, ce jour-là, s'acheva rapidement. La vérité, c'est que Taylor était épuisée. Elle avait l'impression que les attaques fusaient de toutes parts. Quelques mois plus tôt, en 2016, on lui avait reproché de ne pas donner de consignes de vote pour les élections présidentielles, alors même que Donald Trump se présentait – « et ce n'est pas vraiment l'ami des femmes, si ? » demandait, sur Twitter, une fan excédée.

– Si j'avais dit : « Votez pour Hilary ! », on me l'aurait reproché aussi, dit Taylor à sa mère qui, sortie de son traitement contre le cancer, était venue la voir à New York. On m'aurait dit : « Mais de quoi tu te mêles ? » Merde, je suis crevée…

Devant son latte, lunettes de soleil sur les yeux, elle baissait la tête, accablée. Andrea lui caressa la joue.

– Ma chérie… Tu as l'air fatigué, oui. Il faut que tu te ressources. Que tu reprennes des forces. Tiens-toi à l'écart de tout ça. Éteins ton ordinateur, ne réponds plus au téléphone, je ne sais pas, moi ! Prends un bain chaud et écoute Def Leppard.

Taylor releva la tête, souriante.

– Ou Mozart ?

– Oui, enfin, tu m'as comprise, reprit sa mère, qui la contemplait avec tendresse. Tu es mon héroïne, tu sais ?

– Et toi mon modèle, répondit la jeune femme en serrant sa main entre ses paumes.

10

R COMME REVANCHE

Q : Peux-tu te présenter pour nos lecteurs ?

R : Je m'appelle Ashley. Je vis dans le Vermont. Je suis née en 1995. Je suis une Swiftie de la première heure, on va dire. J'ai grandi avec Taylor. J'ai acheté tous les albums le jour de la sortie. Enfin, les premiers, techniquement, c'est ma mère qui les a achetés.

Q : Si je te dis 18 août 2018…

R : Oh. La disparition ! Plus rien sur le Net. Taylor se volatilise. Sur ses comptes Facebook, Twitter, Instagram et Tumblr, c'est le grand vide, plus de contenu. Là, je me dis : il va se passer un truc énorme.

Q : Comment interprètes-tu cette disparition, de façon générale ?

R : C'est un *reboot*. Tay n'a jamais fait ça. Les années précédentes ont été épuisantes pour elle. Elle est vidée, alors elle vide ses comptes. Et puis, elle veut en finir avec son image. Elle a besoin de restructurer sa vie parce qu'elle a l'impression que tout part en sucette.

Q : La campagne de pub est étrange.

R : Oui, un peu. Des vidéos en noir et blanc, muettes. Des serpents... Là, j'ai un peu peur. Je m'attends à ce que ce soit l'album de la colère. Avec plein de guitares ?

Q : Mais ce n'est pas ça.

R : Non. Taylor reste Taylor. Le slogan c'est : « Pas d'explication, juste "Reputation". »

Q : Le titre de l'album. Qui sort en novembre.

R : Oui.

Q : Et il te plaît, ce disque ?

R : Plus que tout autre. Il me parle en tant que fille, plus seulement en tant que fan. Taylor a été traînée dans la boue, salie par certains... Alors que, je veux dire, ça se voit que c'est la fille la plus gentille de la Terre ! Dès *Ready For It ?*, je sens que quelque chose a changé. Les couplets ne ressemblent à rien de ce qu'elle a fait auparavant. Les sonorités sont nouvelles. Un synthé poisseux, un bruit presque industriel... C'est presque du rap. Et elle, avec sa robe à capuche, c'est le petit chaperon noir.

Q : Et le reste ?

R : Il y a *End Game*, avec Ed Sheeran, encore, des couplets décousus, une atmosphère étrange. Tout est assez surprenant, sur cet album. *I Did Something Bad* est un hymne de stade. Mais il y a du venin encore, on la sent tellement plus mûre. *Don't Blame Me* est l'une de mes chansons préférées, le refrain est si lancinant, il y a quelque chose comme un mélange de colère et de résurrection. Le reste est à l'avenant... Taylor parle de la façon dont les autres la perçoivent. *Look What You Made Me Do* est dingue, avec ce clip où on voit sa tombe – ci-gît ma réputation. Encore une vidéo à plus d'un milliard de vues aujourd'hui. Taylor est beaucoup plus « badass[3] » qu'avant. Ça rappelle les toutes meilleures chansons de Britney Spears, c'est une Britney qui a réussi à s'en sortir – pardon. Pour se protéger, il ne faut faire confiance à personne.

Q : C'est un peu triste.

R : C'est le reflet de ce qu'elle a vécu. Elle a été attaquée, elle contre-attaque. Elle dit qu'elle a été influencée par *Game of Thrones*. Elle dit qu'elle a une « liste », que la Taylor d'avant est morte.

Q : Ça ne rigole pas.

R : Non, mais Taylor sait pertinemment que nous, les Swifties, on a grandi aussi, on n'est plus des petites filles. On a regardé la vie dans le blanc des yeux. Le cancer de sa mère, par exemple, je sais ce que c'est. Mon père a été malade aussi. On prend de l'âge, de la bouteille. Les écailles nous tombent des yeux.

Q : Et puis il y a *New Year's Day*.

R : Oui. La chanson quasi mignonne de l'album. (Rires.) Une ligne de piano solitaire. Une évocation

3. Se dit d'une jeune fille ou femme au caractère bien trempé, n'hésitant pas à employer la force ou à transgresser pour arriver à ses fins.

de tendres souvenirs. Les gens qui sont là pour nous... Mais vous savez, j'en ai discuté avec des amis, parmi les vrais fans, cet album a été parfaitement compris. On voit une autre facette de Taylor, elle se met à nu en dévoilant des sentiments pas toujours très positifs... Mais elle est authentique, sincère.

Q : « *Reputation* montre le côté plus sombre et plus profond du génie de la pop », dit *Rolling Stone*. *NME* parle d'un « char d'assaut ». D'autres parlent de vengeance, de colère.

R : C'est ce que je dis. C'est nouveau. Et en même temps, c'est elle. Ce qui a changé en fait, c'est sa vie, c'est le monde, c'est nous. Son cœur à elle reste pur, mais il est blessé, aussi.

Q : Vous l'avez vue en concert ?

R : Bien sûr. C'était... gothique, à sa façon. Avec des serpents partout, dans la déco... Elle a repris ce symbole à son compte, comme un pied de nez gigantesque aux attaques. Même le micro était en forme de serpent... « Il y a quelques années, a-t-elle dit, quelqu'un m'a traitée de vipère sur un réseau, et ça m'a marquée... Ensuite, nombre de gens m'ont traitée d'un tas de trucs. Et j'ai vécu des moments réellement déprimants un temps à cause de ça. » Elle a dit qu'elle était plus forte. Et qu'on devait l'être aussi. Elle a dit aussi que ce qui importait, c'était d'être compris par les gens qui vous connaissent. Pas les autres. Les gens qui vous voient comme un être humain. À côté de moi, des gens pleuraient. Ça devait leur parler beaucoup. Mais c'était marrant, en un sens, parce que j'avais l'impression que Taylor était libérée. Tout ce qu'on voulait, tous, c'est être ensemble, faire la fête, resserrer les rangs. Le boulot de Taylor, elle ne le sait pas, mais c'est de sauver les gens. À chaque album. Elle nous rend meilleurs. Elle nous fait comprendre des choses très simples et très profondes.

Reputation, en une semaine, se vendit à 2 millions d'exemplaires dans le monde – plus que les cent quatre-vingt-dix-neuf autres disques du classement tous ensemble ! Comme retour, trois ans après le précédent album, c'était un succès fracassant. Taylor, en outre, avait montré qu'elle pouvait se sortir de périodes critiques en se réinventant. Le travail, toujours.

Cette année-là, elle trouva de nouveau l'amour, en la personne de Joe Alwyn, un acteur britannique plus jeune qu'elle de deux ans, qui jouait surtout dans des films d'auteur. Joe était un artiste reconnu, mais sa notoriété était bien moindre que celle de Taylor, et il tenait avant tout à sa vie privée. Pour lui, l'intrusion des médias dans la vie des célébrités était plus une offense qu'un bienfait.

Même s'ils avaient commencé à se fréquenter quelques mois plus tôt, c'est en mai 2017 que la nouvelle de leur relation fut rendue publique. Les fans étaient heureux. Taylor déménagea à Londres pour être plus près de lui – elle prenait leur relation au sérieux. Elle se mit à fuir les soirées *people*, ses *posts* sur les réseaux sociaux se firent de plus en plus rares, même les interviews étaient données au compte-gouttes. Elle pensait avoir trouvé le bonheur et la tranquillité. Sur ce dernier point, elle n'allait pas tarder à être déçue.

11

MA MUSIQUE, MA VIE

Q : Alexander, bonjour. Tu as 34 ans, tu habites Chicago et tu es, je crois, un Swiftie de la première heure...

R : Oui. Le premier album est sorti quand j'avais 16 ans. Aujourd'hui, je suis un grand garçon (rires), mais je n'ai quasi rien raté de la carrière de Taylor. Enfin, je n'ai pas fait toutes les tournées, parce que ma femme et moi avons eu deux enfants et que parfois, c'était trop compliqué, mais je la suis fidèlement depuis le début.

Q : C'est en tant qu'avocat que nous te questionnons aujourd'hui, puisque tu es spécialisé dans le droit de la propriété intellectuelle.

R : Absolument. D'ailleurs, si Taylor veut m'appeler... (Rires.) Enfin, évidemment, j'ai suivi ses déboires.

Q : Nous allons essayer de présenter les choses clairement pour nos lecteurs. Nous sommes donc en 2019, *Lover* est sorti, le septième album de Taylor Swift, lorsque ce que nous appelons « l'affaire » éclate. Concrètement, il se passe quoi ?

R : En novembre 2018, Swift a signé un nouveau contrat avec Universal Music Group, qui a promu ses albums suivants sous le label Republic Records. Ce contrat incluait une clause permettant à Swift de conserver la propriété de ses enregistrements maîtres. De plus, dans l'éventualité où Universal vendrait une partie de ses parts dans Spotify, il était convenu qu'une portion non récupérable des bénéfices serait redistribuée parmi ses artistes. Le premier album de Swift avec Republic Records, *Lover*, est sorti en août 2019. Republic lui a proposé un accord selon lequel la propriété de tous ses futurs masters, c'est-à-dire les enregistrements originaux des chansons à partir desquels toutes les copies sont établies, lui restait acquise. Ce qui n'existait pas dans son précédent contrat. L'été suivant, en 2019, le fondateur de Big Machine, Scott Borchetta – que, j'imagine, vos lecteurs connaissent déjà – vend la maison à Scooter Braun, un entrepreneur américain, qui l'a rachetée pour la jolie somme de 330 millions de dollars.

Q : En quoi est-ce que ça concerne Taylor ?

R : Borchetta, c'est presque son papa. C'est l'homme qui l'a lancée. Elle a sorti six albums avec lui, sous son label. À un moment, elle ressent le besoin de voler de ses propres ailes, Universal lui offre des conditions très avantageuses, bref. Que se dit Borchetta ? Qu'il a entre les mains six albums extraordinaires. Que Taylor continue son ascension vers un succès stratosphérique. Et qu'il veut continuer à en profiter. En conséquence de quoi il cède le catalogue. Et ce qu'il dit à l'acheteur, en gros, c'est : « Vous allez pouvoir continuer à vendre les premiers albums de Taylor jusqu'à la fin des temps. »

Q : Comment réagit la chanteuse ?

R : Très mal, évidemment. Elle se sent trahie. Elle prétend avoir appris la vente le même jour que tout le monde. Sur Tumblr, elle écrit : « Voilà ce qui arrive quand on signe un contrat à 15 ans avec quelqu'un pour qui le terme "loyauté" n'est qu'un simple concept contractuel. Et lorsque cet homme affirme que "la musique a de la valeur", il entend par là que cette valeur est redevable aux hommes qui n'ont pas pris part à sa création. »

Q : Elle n'aime pas Scooter Braun ?

R : Elle ne peut pas le sentir, vous voulez dire. Il y a de vieux différends. Elle pense qu'il n'est pas étranger à ses problèmes avec Kanye West. Et puis Braun s'occupe aussi de Justin Bieber, qui est un ami de Taylor. Cette dernière accuse Braun de vouloir s'approprier sa musique, comme un vampire. Sur les réseaux, les Swifties s'en prennent à Braun.

Q : Mais il contre-attaque.

R : Oui, plus ou moins directement. Des gens le défendent. Justin Bieber, un peu, et Demi Lovato, une chanteuse qui travaille avec lui. « J'ai parfois eu affaire à des gens néfastes, au sein de ce milieu, et Scooter n'en fait pas partie », voilà ce qu'elle écrit sur Instagram. La femme même de

Braun vole à son secours, et s'en prend à Taylor. « On t'a donné l'occasion d'être propriétaire de tes propres masters, tu as refusé. » D'autres artistes soutiennent Taylor, affirmant que Braun est un type malfaisant, dont la seule préoccupation est de gagner des tonnes d'argent et d'alimenter son ego.

Q : Au cœur de cet imbroglio, il y a la question de la propriété intellectuelle, que tu connais bien.

R : J'essaie. (Rires.) Ce n'est pas un sujet très simple. Ce qu'il faut comprendre est ceci : un master, c'est le *premier* enregistrement de la musique. À qui appartient-il ? À la maison de disques ou à l'artiste ? Si c'est à la maison, alors elle a le droit de vendre autant de copies qu'elle le désire, sous tous les formats souhaités, et se faire de l'argent dessus. Borchetta, qui est forcé de se défendre, diffuse des messages échangés avec Taylor à propos de l'accord. Tout cela est assez flou mais une chose est sûre : Taylor est coincée. Les masters appartiennent à Big Machine. D'une façon ou d'une autre, et même si elle ne comprenait pas très bien, quand elle a signé certains contrats, à quoi elle s'engageait, elle a laissé le droit à son ancienne maison de disques de continuer à exploiter son œuvre.

Q : À ce moment, Taylor prend une décision radicale.

R : Exact. Elle décide de réenregistrer tous ses anciens albums. De créer de nouveaux masters, dont elle possédera seule les droits.

Q : Elle repart de zéro ?

R : Pas complètement : je veux dire, les chansons existent, les partitions existent. Mais en revenant en studio, en réenregistrant ses titres avec ses musiciens, ses idées, le fait est qu'elle se les réapproprie, qu'elle reprend le contrôle.

Q : Mais c'est un énorme travail !

R : Oui. Et Taylor le sait. Elle le clame même en interview. « Je vais être très occupée. »

Q : Et Borchetta et Braun, comment réagissent-ils ?

R : Mal. Ils sont soufflés, ils ne s'attendaient pas à une manœuvre pareille. C'est un tour de passe-passe quasiment inédit. Dans les faits, ils ont peu de recours. Il y a un gala où Taylor est censée jouer d'anciennes chansons, et ce qu'ils lui disent en gros, c'est : tu ne peux pas les jouer. Sauf si tu abandonnes ton idée de réenregistrer tes albums. Pareil pour le documentaire Netflix qui doit lui être consacré. En gros, ils lui disent : sois une gentille fille et tais-toi. La réponse de Taylor ? « On ne parle pas de n'importe quelle musique, là. On parle de chansons que j'ai écrites sur le sol de ma chambre, de vidéos que j'ai payées avec l'argent que j'ai gagné en jouant dans des bars, dans des clubs, puis dans des salles de concert, dans des stades... »

Q : Je vais poser une question naïve, mais est-ce que tout ça ne pouvait pas se régler à huis clos, avec des avocats ? En toute discrétion ?

R : Ça aurait pu, mais ça n'a pas été le cas, parce qu'en face aucun effort n'a été consenti. La vérité est celle-ci : Borchetta et Braun se sont dit qu'en mettant la pression à Taylor, elle céderait. Qu'elle n'aurait pas envie de passer pour une fille mesquine. Ils ont pensé qu'elle se coucherait, en gros. C'est un comportement qu'on peut trouver misogyne. Moi, c'est ce que je pense.

Je crois aussi que ces gens ont oublié un élément essentiel. La communauté ! Parce que de son côté, Taylor disposait d'une force immense : ses fans, ses réseaux. Quatre-vingt-cinq millions d'abonnés. Il y a eu un hashtag, #IStandWithTaylor, on est avec toi, Tay ! Taylor a montré qu'elle n'était pas intimidée.

Q : C'est allé très loin.

R : Oui, Braun a raconté à Taylor qu'il recevait des menaces de mort de la part de certains Swifties. Ça, ce n'est pas bien, mais c'étaient des cas isolés. La chanteuse a demandé à ses fans d'arrêter de les harceler, lui et sa famille.

Q : Mais lui-même – je veux dire Braun – n'en est pas resté là.

R : En avril 2020, un *live* est sorti, que Taylor a aussitôt renié. Un concert enregistré alors qu'elle n'avait que 18 ans, pendant la période *Fearless*. À l'automne 2020, Braun a vendu les masters des six premiers albums de Taylor à une société d'investissement appartenant à Disney, pour 405 millions de dollars.

Q : Woah ! Plus que sa mise initiale !

R : Oui. Taylor était hors d'elle. Elle a expliqué que les masters des enregistrements ne lui avaient pas été proposés à la vente. Comme si on vendait une deuxième fois sa musique sans lui demander son avis. Braun a essayé de calmer le jeu dans la presse en affirmant que toute l'affaire n'était qu'un immense malentendu. Taylor a répondu qu'elle avait la conscience tranquille, et qu'elle faisait aussi tout ça pour les autres artistes. Puis elle a fait ce qu'elle avait dit qu'elle ferait : elle a commencé à réenregistrer ses premiers albums.

Lover était, déjà, le septième album de Taylor, et le premier, donc, après son départ de Big Machine Records. Il avait en partie été enregistré avec Jack Antonoff, le producteur que tout le monde s'arrachait à l'époque, à commencer par son amie Lorde et Lana del Rey, deux artistes que Taylor admirait beaucoup. Jack avait déjà travaillé avec la chanteuse sur *1989* et *Reputation*, mais c'était la première fois qu'il s'impliquait autant. Après l'album de la colère et de la vengeance venait celui de l'amour, inspiré notamment de l'idylle qu'elle vivait avec Joe Alwyn. *Reputation* avait été un album tissé de sons lourds, massifs, influencés par les basses poisseuses de certains standards hip-hop. *Lover,* lui, lorgnait plus du côté de l'électro-pop, du pop rock, de la synthpop, et intégrait des éléments de country, de folk et même de funk, le tout dans une atmosphère joyeuse, parfois délurée. Si, pour *Reputation*, la jeune femme s'était tenue en grande partie à l'écart des médias, ce n'était pas le cas avec *Lover* : elle se lança rapidement dans une vaste campagne promotionnelle, avec show télé, interviews, couvertures de magazine en pagaille. *Cruel Summer*, composé avec la chanteuse indie St Vincent, allait devenir l'un de ses plus grands succès, et connaître une spectaculaire seconde vie, quatre ans après sa sortie, lorsqu'il serait joué lors de la nouvelle tournée de la chanteuse. Une fois encore, Taylor était sortie de sa zone de confort en allant chercher une artiste certes très appréciée de la critique mais relativement peu connue du grand public. Le résultat ? Un hit spectaculaire, une chanson rêveuse, mélancolique, parfaite pour l'été.

– Il est question d'une romance estivale incertaine, expliquait Taylor, imprégnée d'éléments de douleur et de désespoir. C'est une chanson qui parle de ce moment où vous aspirez à quelque chose que vous n'avez pas encore tout à fait, quelque chose qui est là, à portée de main, mais que vous ne parvenez pas à atteindre.

Quelques semaines avant la sortie officielle de l'album, la chanteuse avait invité un groupe de fans triés sur le volet à une série de soirées d'écoute privées, des « Secret Sessions », comme elle l'avait déjà fait avec *1989* en 2014. Ces sessions furent organisées à Londres, Nashville et Los Angeles. Deux singles précédèrent *Cruel Summer* : *Me* et *You need to calm down*, chanson qui allait vite s'imposer comme un hymne LGBT[4]. De façon générale, ce disque-là était tourné vers le monde. Un retour aux sources, aussi, à la malice et aux enthousiasmes du début. Une nouvelle façon pour Taylor de montrer sa force et sa vulnérabilité, si étroitement liées.

4. Sigle de « Lesbiennes, gays, bisexuels et transgenres ». Se dit des personnes se reconnaissant dans l'un de ces termes.

– C'est « une lettre d'amour à l'amour », expliquait l'intéressée. L'amour « dans toute sa gloire, dans tout ce qu'il peut avoir d'exaspérant, de passionné, d'excitant, de tragique et de merveilleux ».

Lover, le morceau-titre, avait été écrit au piano, une nuit, à Nashville. Le morceau achevé, Taylor l'avait apporté à Jack Antonoff, à New York, et ils étaient restés longtemps dans son studio à le peaufiner. « Dans ma tête, raconta la chanteuse, j'avais l'image d'une piste de danse déserte, à trois heures du matin, sur laquelle ne restaient que deux personnes. »

Comme ses prédécesseurs, l'album atteignit la première place des *charts*, et plaça toutes ses chansons dans le classement des titres les plus écoutés. Pour 2019, le disque se vendit à plus de 3,2 millions d'exemplaires dans le monde – meilleures ventes pour un album solo.

Taylor marchait sur l'eau. Sa relation avec Joe durait et durait encore, et le couple parvenait avec talent à protéger sa vie privée. Certains titres de l'album étaient une allusion directe à l'amour qui les unissait, et Joe en était conscient, il s'en disait même flatté, mais il ne s'épanchait pas plus que ça.

À propos du disque, la presse était partagée. Tout le monde était d'accord pour dire que Taylor écrasait la concurrence, mais sur le plan artistique, certains déploraient que d'autres horizons n'aient pas été explorés. « C'est moins un progrès qu'une consolidation », écrivait un journaliste anglais.

– Et alors ? riait sa mère. On est obligée de changer tout le temps ? Mince alors, tu vas avoir 30 ans, Tay, et avancer, changer, tu ne fais que ça !

Sa fille haussa les épaules. Elle avait appris à ignorer les atteintes et à se défier des commentaires. Elle traçait sa route et le moins que l'on puisse dire, c'est que le public lui donnait raison.

À présent, elle allait devoir défendre son album sur scène. Et puis, il y avait d'autres choses dans la vie que la musique.

– Et toi, Maman, comment ça va ?

Andrea haussa les épaules. Les deux femmes étaient dans la cuisine, maman Swift épluchait des pommes de terre pour une purée maison.

Quelques mois plus tôt, on lui avait diagnostiqué de nouveau un cancer, après celui de 2015. Il allait falloir reprendre les traitements. Et la route serait difficile – plus que cela, même. En 2020, alors qu'elle suivait son protocole de chimiothérapie, on allait découvrir à Andrea une tumeur au cerveau…

12

LE VIRUS DE L'INSPIRATION

Quelques mois plus tôt, cependant, un cataclysme d'un autre genre s'abattit sur le monde, d'une ampleur que personne n'aurait pu imaginer. Son nom ? La Covid-19, un virus venu de Chine qui, bientôt, se répandit dans le monde entier, forçant la plupart des gouvernements à confiner leur population.

Enfermée chez elle, avec Joe, Taylor sentit monter en elle une sève nouvelle. Pour la première fois depuis presque quinze ans, elle avait du temps : beaucoup de temps. La tournée prévue avait évidemment été annulée. Personne ne savait combien de temps le monde allait rester ainsi sous l'éteignoir. Taylor se mit à regarder des films qu'elle avait toujours voulu voir, comme *Jane Eyre, Marriage's story* ou *Le Labyrinthe de Pan*. Elle lisait, aussi, des romans d'un temps ancien, des textes romantiques, comme *Rebecca* de Daphnée du Maurier. Elle rêvassait. Se tenait à la fenêtre. Somnolait parfois. Prenait la main de Joe dans la sienne et souriait, mystérieusement. Des images lui venaient, étranges, inattendues. Des étoiles dans le ciel, des cicatrices. Un vieux cardigan imprégné d'une odeur déchirante. Des cuirassés s'enfonçant dans l'océan, au fond, tout au fond. Une balançoire accrochée à un arbre dans les bois de son enfance. Les sapins. Oh, la forêt de sapins où elle s'était perdue avec bonheur ! Il y avait des flashs d'été, aussi, un mois d'août élégiaque, piqué de soleil, un bonheur à déguster comme on trempe ses lèvres dans un verre de vin. Des mains jointes à travers un film plastique. Un fil vous liant à votre destin. Des noms, des visages émergeaient de la brume. Elle se voyait comme un personnage de conte de fées pour adultes.

Elle écrivait, beaucoup, habitée d'une force nouvelle. Des chansons lui venaient : douces, naturelles, d'une pureté inédite. Était-ce cela, la grâce ?

Assise à son piano, elle laissait ses doigts courir sur les touches. Un miracle, lui semblait-il, était en train de naître.

Partout, dans le monde, des gens enfermés, malheureux, malades parfois, ou confits dans la terreur, l'incompréhension. Et puis le soleil. Et puis le vent dans les rideaux. Et puis l'espoir d'une vie nouvelle.

Taylor était fan, entre autres, d'un groupe appelé The National – un groupe américain indépendant qui n'avait pas son pareil pour trousser des mélodies sombres et profondes, tissées de guitares. La jeune femme avait pris contact avec Aaron Dessner, son guitariste.

– Je sais que ça va te paraître bizarre, mais je voudrais que tu travailles avec moi sur ce disque.

– Bizarre ?

– Nous ne faisons pas exactement le même genre de musique, ton groupe et moi.

– Qu'est-ce que tu en sais ? Je veux dire, ce que nous cherchons, ce que *je* cherche, c'est la bonne chanson, l'émotion vraie. Tu composes toujours avec Jack Antonoff ?

– Oui. C'est un problème ?

– Pas du tout. J'adore son boulot. Après, avec cette pandémie, je ne sais pas trop comment tu veux qu'on s'y prenne. Moi, mes studios sont dans la Hudson Valley, lui à New York, je crois. Et toi ?

– Je suis à Los Angeles. Je pourrais enregistrer ici : les voix, en tout cas.

– On peut s'échanger des fichiers. Je fais ça souvent, avec The National, parce qu'on n'habite pas tous au même endroit. Et tu sais quoi ? J'ai bricolé des instrumentaux, ces derniers temps. Pour ne pas devenir dingue.

– Je comprends ça. Et tu as beaucoup de titres ?

– Oh, une trentaine.

– Ouah ! génial ! Tu m'envoies des choses ?

– Tu veux vraiment ?

– J'ai l'air de plaisanter ?

Dessner envoya des fichiers. Puis il en envoya d'autres. Taylor les ouvrait comme un enfant ouvre des boîtes, dans un magasin d'accessoires pour magiciens.

La première mélodie la toucha en plein cœur. Elle la tritura quelque peu, posa sa voix dessus, ses paroles, son histoire. C'était *Cardigan* : ça deviendrait *Cardigan*. Un diamant parmi d'autres.

Une fascinante partie de ping-pong s'engagea. Taylor et Dessner ouvraient leurs fichiers tour à tour et écarquillaient les yeux, fascinés. L'homme envoyait une piste, puis en composait d'autres. La femme écrivait une mélodie chantée, il recevait ça, secouait la tête. De quoi ça va parler ? Et le refrain, on le met où ?

Dehors, les rues s'étaient vidées, le ciel était vide, les oiseaux étaient revenus. Dedans, quelque chose de très beau était en train de naître. Quand il avait expliqué à ses proches, en visio, qu'il allait travailler avec Taylor Swift, Dessner avait vu des sourcils s'arquer.

– Ah ouais ? T'es sûr que c'est une bonne idée ?

– Elle n'est pas comme vous croyez. Elle a un talent dingue. C'est une bosseuse acharnée. Il y a un truc dans ces morceaux. Une humanité, une chaleur, une émotion...

Taylor, elle, était aux anges. À Joe, qui avait travaillé avec elle sur quelques morceaux, elle disait toute sa joie de travailler librement, sans pression. La fenêtre de leur chambre donnait sur la vallée – vide de toute présence humaine. Le printemps régnait comme un roi solitaire et rêveur.

– Tu sais quoi ? disait la jeune femme, songeuse. Je ne parle pas de moi, sur cet album. Je prends le pouls du monde. Le pouls est lent, ça ne veut pas dire qu'il est malade, au contraire : il respire, tranquillement.

Le 23 juillet de cette année-là, Taylor mit neuf photos en ligne sur son compte Instagram. Il n'y avait pas de légende, pas d'explication mais, ensemble, les photos formaient une image en noir et blanc : la chanteuse se tenait là, seule dans une forêt, vulnérable. La curiosité des internautes s'enflamma. Un nouveau post apparut, qui annonçait la grande nouvelle. « La plupart des choses que j'avais prévues cet été ne se sont pas produites, mais il en est une que je n'avais pas planifiée, et qui arrive bel et bien. Et cette chose, c'est mon huitième album studio, *Folklore*. »

Les chansons de ce chef-d'œuvre ne ressemblaient à rien de ce que Taylor avait pu offrir jusqu'à présent. Elles étaient douces, minimalistes souvent, elles parlaient à l'âme – des fenêtres ouvertes sur un monde nouveau.

Les fans ne s'y trompèrent pas. *Folklore* se vendit à 1,2 million d'exemplaires en 2020 alors même que nombre de points de vente étaient restés longtemps fermés. Surtout, et pour la première fois, les magazines et les sites spécialisés rivalisaient d'éloges, là où il leur était souvent arrivé de faire la fine bouche, comme le font la plupart des médias quand un disque se vend trop. Aux anges, les journalistes louaient l'esprit de la chanteuse, « sa compassion et son empathie des plus profondes », célébraient « une veine riche de mélancolie résonnant parfaitement avec l'époque », parlaient d'un album « brillant », de

« premier choix » – « un acte sérieux de purification de sa palette sonore ».

Dans la foulée – moins de six mois après –, un deuxième album parut, qui s'appelait *Evermore*. « On ne pouvait tout simplement pas s'arrêter d'écrire des chansons », expliquait Taylor sur son compte Instagram. Une forêt nouvelle avait poussé pendant la nuit : un bois touffu, peuplé d'essences rares et de créatures mystérieuses et la jeune femme, telle une héroïne de conte de fées, ne pouvait résister à l'envie de s'y enfoncer plus profondément encore. Enregistré à Los Angeles, dans la Hudson Valley et à Londres, avec Aaron Dessner et son frère Bryce, et le fidèle Jack Antonoff, *Evermore* restait fidèle à l'ambiance douillette et feutrée de son prédécesseur, à mille lieues des ballades country ou des hymnes power-pop des deux décennies passées. On y trouvait des guitares sèches, de la flûte, des cordes et des percussions, un véritable orchestre de chambre, destiné à emmener les auditeurs sur les ailes du rêve. Une semaine après sa sortie, ce nouvel *opus* s'était déjà écoulé à un million d'exemplaires et, comme *Folklore*, obtenait de la part des critiques des faveurs inhabituelles. *Evermore* était « le petit frère » de *Folklore* en liberté, Taylor avait fait la preuve de son ahurissante capacité à « changer de forme » et « à voyager entre les genres ». Il y avait là, notèrent les chroniqueurs les plus attentifs, des références à Peter Pan, à Daphné du Maurier et, de façon plus subtile, à Shakespeare ou à Edgar A. Poe.

Lors de la soixante-troisième cérémonie des *Grammy Awards*, en mars 2021, Taylor joua sur scène un *medley* de trois récents morceaux, *Cardigan*, *August* et *Willow*, et remporta le trophée du meilleur album de l'année. Dans son discours de remerciements, elle glissa un mot sur son partenaire. « Joe est la première personne à qui je joue chaque chanson que j'écris. Je me suis énormément amusée en écrivant des chansons avec toi pendant le confinement », déclara-t-elle devant des millions de spectateurs.

Déjà, l'épidémie de Covid commençait à refluer. On comprenait mieux le virus, des vaccins étaient développés, le monde allait pouvoir reprendre « sa course folle ». Et ça tombait bien : Taylor se sentait emplie d'une énergie nouvelle.

De l'aventure qu'avait constituée la composition de *Folklore* et de son « petit frère » *Evermore*, elle ne regrettait rien, évidemment, mais il lui semblait à présent que le temps de l'introspection était passé.

13

L'IDOLE DES SWIFTIES

Dès qu'elle le put, elle se remit au travail – il s'agissait désormais de réenregistrer ses premiers albums. Le premier fut *Fearless*. L'équipe nouvelle débordait d'enthousiasme. Tout le monde adorait l'album, et en gardait un excellent souvenir, mais il était possible d'en faire quelque chose de mieux encore. Chant mieux « contrôlé », production plus « nette », et une poignée de titres inédits – l'album nouvelle version se vendit, cette année-là, à 980 000 exemplaires. Puis ce fut au tour de *Red* de s'offrir un ravalement. Bien sûr, les différences avec les versions originelles n'étaient pas évidentes à détecter mais, pour la chanteuse, il était surtout question de se réapproprier ses créations. Le timbre de la chanteuse, toutefois, était plus mûr, l'orchestration parfaitement mise en place et, avec les ajouts, le nouveau disque durait à présent plus de deux heures !

– Je veux que les gens en aient pour leur argent, expliqua-t-elle à sa mère.

– Il paraît que tu refaçonnes l'industrie de la musique.

– Qui dit ça ?

– J'ai lu cette phrase quelque part.

– Bon c'est un peu exagéré. Mais ce qui est notable, c'est que même en *streaming*, les chansons réenregistrées sont plus écoutées que les originelles. Certaines deviennent virales sur TikTok. Et je décroche pas mal de nouveaux contrats de pub.

– Oh. Je suis contente que tu puisses gagner un peu d'argent de poche.

Taylor émit un petit rire aimable.

– J'essaie de m'en sortir.

En 2021, elle était devenue la musicienne la mieux payée, avec un gain net de 65,8 millions de dollars.

Tout le monde pensait qu'elle était arrivée au sommet. Le monde n'avait pourtant encore rien vu...

Son dixième disque, *Midnights*, arrive dans les bacs à minuit le 21 octobre 2022. Taylor avait retrouvé son énergie et son allant. Le *NME* évoquait un « retour scintillant à la pop pure ». *Variety* parlait d'un « retour à une pop éblouissante qui valait la peine d'en perdre le sommeil ». C'était son « meilleur album à ce jour », avançait un autre journaliste, pour qui ce disque rappelait aussi un fait fondamental : en dépit de l'adversité, des rumeurs, des tentatives de déstabilisation, la magie l'emportait toujours.

La nouvelle tournée, *The Eras*, allait se révéler celle de tous les records. Il ne s'agissait pas seulement de promouvoir *Midnights*, mais tous les albums qui l'avaient précédé. Avec cent quarante-six dates sur cinq continents, elle allait débuter le 17 mars 2023 à Glendale, et s'achever plus d'un an plus tard, le 8 décembre 2024, à Vancouver. Ce voyage à travers ses différentes « époques » allait durer trois heures, avec une *setlist* de quarante-quatre chansons divisées en dix actes distincts.

Dès les détails annoncés, la situation s'emballa d'une façon absolument inédite dans l'histoire de la musique. En Asie, plus de 22 millions de fans avaient fait « virtuellement » la queue dans l'espoir de décrocher des billets pour un concert à Singapour. Aux États-Unis, le site de réservation se crasha en une heure, ce qui n'empêcha pas 2,4 millions de places de s'écouler en une seule journée. Le phénomène de revente et de spéculations atteignit de telles proportions qu'une investigation fédérale fut lancée. Dans les villes où passait la tournée, la hausse d'activités commerciale et économique était spectaculaire. On estime que, pour les seuls États-Unis, *The Eras* entraîna des dépenses nettes des consommateurs s'élevant à 4,6 milliards de dollars. Le Premier ministre canadien, le maire de Budapest et le président chilien étaient si impressionnés qu'ils demandèrent à la jeune femme de faire passer sa tournée par leurs pays. Il faut dire qu'à Los Angeles, la tenue des six concerts avait engendré un impact économique de 320 millions de dollars et la création de trois mille trois cents emplois.

De façon générale, on estime aujourd'hui que les ventes de billets, pour l'ensemble de la tournée, rapportèrent près de 2 milliards de dollars.

La *setlist* classique, celle à laquelle avait droit un grand nombre de spectateurs, ressemblait à quelque chose dans ce goût-là :

1. *Miss Americana & The Heartbreak Prince*
2. *Cruel Summer*
3. *The Man*
4. *You Need To Calm Down*
5. *Lover*
6. *Fearless*
7. *You Belong With Me*
8. *Love Story*
9. *22*
10. *We Are Never Ever Getting Back Together*
11. *I Knew You Were Trouble*
12. *All Too Well*
13. *Enchanted*
14. *... Ready For It ?*
15. *Delicate*
16. *Don't Blame Me*

17. *Look What You Made Me Do*
18. *Cardigan*
19. *Betty*
20. *Champagne problems*
21. *August*
22. *Illicit affairs*
23. *My tears ricochet*
24. *Marjorie*
25. *Willow*
26. *Style*
27. *Blank Space*
28. *Shake It Off*
29. *Wildest Dreams*
30. *Bad Blood*
31. *But Daddy I Love Him*
32. *So High School*
33. *Who's Afraid of Little Old Me ?*
34. *Down Bad*
35. *Fortnight*
36. *The Smallest Man Who Ever Lived*
37. *I Can Do It With A Broken Heart*
38. *Lavender Haze*
39. *Anti-Hero*
40. *Midnight Rain*

41. *Vigilante Shit*
42. *Bejeweled*
43. *Mastermind*
44. *Karma*

... avec deux morceaux acoustiques joués au piano entre *I Can Do It With A Broken Heart* et *Lavender Haze*, et *All Too Well*, présenté dans une version longue de dix minutes.

Un journal anglais décrivait l'épopée comme le spectacle pop le plus ambitieux et spectaculaire jamais mis sur pied ; un autre désignait Taylor comme un « génie de la pop au sommet de sa forme ». Pour la seule année 2023, la tournée engrangea 2 milliards de dollars, et le film tiré de l'événement battit des records au *box-office*, avec 26 millions de dollars le premier jour (dans le monde, le film dépasserait allègrement les 200 millions de dollars par la suite). À l'une des avant-premières, vêtue d'une robe bleu pâle, un fin collier de diamants autour du cou, la jeune femme se trémoussa sans complexe sur son siège pendant une grande partie du film tandis que les fans en transe criaient, chantaient et dansaient. Des spectateurs d'un film… debout, pendant trois heures ? C'était l'effet Taylor Swift.

À Gand, en Belgique, un parcours de formation universitaire se concentrait sur les thèmes, styles et techniques créatives des œuvres littéraires ayant inspiré la chanteuse – il y était notamment question de *Jane Eyre, Roméo et Juliette,* et d'*Alice au pays des merveilles.* Plusieurs programmes similaires furent lancés aux États-Unis, et certains commencèrent à se demander s'il ne fallait pas ouvrir une université totalement consacrée à la chanteuse.

Mais Taylor n'en resta pas là. Le 19 avril 2024, en pleine tournée, sortit *The Tortured Poets Department*, son onzième album studio, annoncé le 4 février précédent, devant 17 millions de spectateurs, lors de la soixante-sixième cérémonie des *Grammy Awards* (au cours de laquelle, pour la quatrième fois, la chanteuse décrocha le prix du meilleur album de l'année). À ce moment, évidemment, Taylor était devenue, sans le moindre doute, la pop star la plus importante de la planète. En trente et une chansons, *The Tortured Poets Department* évoquait, une fois de plus, les thèmes des relations amoureuses et de la célébrité, mais aussi celui de la santé mentale. Taylor se savait icône, presque déesse. Était-elle heureuse ? Elle s'y efforçait, en tout cas, et c'était sans aucun doute le combat d'une vie. Même si les critiques, une fois de plus, étaient divisés (ils l'avaient toujours été, en vérité, sauf pendant la période *Folklore/Evermore*, et encore ! mais Taylor savait que la postérité jouerait pour elle), *The Tortured Poets Department* battit, avec plus de 300 millions de diffusions, le record de l'album le plus écouté en vingt-quatre heures sur Spotify (un milliard d'écoutes en moins de six jours). Le succès n'était-il qu'un feu de paille ? Pas vraiment. Pendant douze semaines, l'album squatta la première place du Billboard 200 – record absolu pour une chanteuse.

Et la vie, dans tout ça ? En avril 2023, une source proche de Joe Alwyn indiqua que Taylor et l'acteur avaient malheureusement rompu. Des

« différences de personnalité » étaient mentionnées, sans plus de précisions. Nombre de fans étaient déçus. « Joe » ressemblait à un garçon honnête. Idéal ? Apparemment, sa peur de l'engagement avait eu raison du couple. On prêta par la suite à la belle une liaison avec Travis Kelce, une star du football américain. Les ventes de son maillot, quand la rumeur prit de l'ampleur, augmentèrent de plus de quatre cents pour cent. Tout ce que Taylor touchait, tout ce dont elle parlait, se changeait en or. Quelques mois plus tard, en octobre 2023, les ventes de *1989 (Taylor's Version)*, avec 1,6 million d'exemplaires, dépassèrent celles de l'album original (la meilleure première semaine de sa carrière), et 3,5 millions d'exemplaires dans le monde. Taylor souriait. Les deux parents de Taylor avaient eu un cancer et, pour l'heure, les choses avaient l'air de s'arranger pour eux. Y avait-il plus important ?

Le monde, lui, continuait de tourner. À la fin de l'année 2024, Donald Trump, contre la réélection duquel, rompant avec la neutralité de façade jusqu'ici affichée, la chanteuse s'était personnellement engagée, le sinistre Donald donc, avait défié les pronostics et décroché un second mandat. Pour la jeune femme, pour la grande majorité de ses fans aussi, c'était une désillusion cruelle. Eux prônaient la tolérance, l'ouverture, la diversité. Eux, les Swifties, étaient les amis des racisés, des femmes, des jeunes, des chômeurs, des gays, des transsexuels – de tout ce que le pays comptait de réprouvés, de moqués, de violentés, etc. Trump beaucoup moins. Ils avaient espéré une femme présidente. À la place, ils récoltaient, une fois de plus, un vieux bonhomme malpoli, qui se moquait du climat et tournait le dos aux minorités.

Pendant un temps, aux États-Unis, les médias s'étaient penchés sur l'influence de Taylor, pensant qu'à elle seule, elle pourrait faire basculer le destin du pays. Ce n'était pas arrivé, hélas ! mais le fait qu'on eût pu penser que c'était possible en disait long sur le statut de la jeune femme.

De « petite fiancée » de l'Amérique, Taylor était devenue une superstar, une mégastar, puis quelque chose de nouveau, pour lequel il n'existait pas de nom encore. À ce stade, peut-être faut-il laisser parler les fans...

« La musique ? Canon. Certes, Taylor n'a pas la voix d'Adèle ou de Beyoncé. Mais elle ne se repose jamais sur ses lauriers, elle apprend, elle progresse et surtout, elle *nous* parle. Elle a toujours su nous parler.

Il y a de l'intelligence dans ses chansons, mais jamais de pédanterie. Quand elle fait preuve d'ironie, c'est souvent à son propre sujet. »

Klever, 28 ans, Quito.

« Elle a un don pour les refrains, pour les hymnes : ces chansons qu'on peut reprendre en chœur, dans un stade ou dans n'importe quelle salle de concert. On l'écoute et on est transportée, voilà. Parfois, on a l'impression d'entrer en lévitation. Si un extraterrestre voulait comprendre ce que signifie être jeune aujourd'hui, le mieux pour lui serait d'assister à un concert de Taylor. Il peut nous regarder chanter, pleurer, sourire à des inconnus. Nous sommes une communauté. Nous sommes un seul et même corps, et elle, c'est le cœur battant. Boum, boum ! »

Lucie, 27 ans, Strasbourg.

« Elle réussit à se réinventer tout le temps. De la country au rock. De la pop sucrée à la ballade intime. Du piano à la guitare furieuse. Elle ne cherche jamais la sécurité. Et elle fait ça pour nous. C'est comme Tom Cruise avec ses cascades réalisées sans trucages : elle se met en danger parce qu'elle pense qu'elle nous le *doit*. Voilà pourquoi elle est tant aimée, je crois. Elle sait qu'elle ne serait rien sans nous mais "nous", c'est des centaines de millions de fans. Et elle, elle est seule. Vous imaginez la pression ? Elle ne peut pas "passer de mode", je crois. Parce que la mode, c'est elle qui la fait. »

Lin, 22 ans, Shanghai.

« Elle est milliardaire, et on a l'impression que c'est la voisine de palier. Accessible *et* géniale. Incroyable et presque banale, par moments. Elle a cette façon, sur scène, ou même à la télé, dans un show, de rappeler qu'elle est avant tout *humaine*. Elle fait des blagues. Parfois, elle fait aussi des gaffes. Elle s'en fout, d'être un peu ridicule. Si le clip de *Shake it off* a été vu plusieurs milliards de fois, ce n'est pas un hasard. Il parle de ça. Et Taylor est géniale, dedans, parce qu'elle passe du sublime au trivial, c'est à la fois une impératrice et une gamine un peu fofolle. »

Abigail, 19 ans, Jérusalem.

« Elle a grandi avec nous. Comme Harry Potter. J'ai un an de moins qu'elle, je porte le même nom, et la ressemblance s'arrête là. (Rires.) Je suis devenue maman. Ma propre mère est tombée malade. Mon premier mari est parti. Tout ça, ce sont des choses qui *arrivent*. On fait quoi, quand il se met à pleuvoir ? On ouvre le parapluie de l'amitié. Et on chante. »

Taylor, 33 ans, Birmingham.

« Lorsqu'elle écrit, Taylor raconte des histoires. On se reconnaît dans ce qu'elle nous donne à entendre. Il y a tellement de chansons, tellement de situations décrites ! Impossible de ne pas trouver le titre qui vous correspond, l'émotion. Son œuvre, c'est un peu le dictionnaire "pop" de la vie. »

Ramesh, 34 ans, Calcutta.

« Elle est authentique. Elle est vraie. Elle ne triche pas. Quand elle est triste, on le sait. Quand elle se sent nulle, elle le dit pareil. Quand le ciel est sombre, elle partage ses angoisses, son impuissance. Ça résonne fort. Les Swifties, c'est pas seulement un groupe de fans, chacun dans son coin. C'est une communauté. On partage un socle de valeurs communes, des goûts. Taylor, elle rassemble. »

Liam, 19 ans, New York.

« Elle cache des choses, c'est marrant, et stimulant : des messages, des références, des indices, dans ses chansons, ses vidéos et même ses pochettes d'album. Les Swifties, c'est comme une société secrète, avec ses codes, ses rituels...

Sur les réseaux, elle s'adresse directement à nous, elle répond à des fans. Je veux dire, elle a largement plus de 220 millions d'abonnés, et parfois, elle invite des gens chez elle pour des sessions secrètes. Qui fait ça ? Qui se dévoile autant ? Je sais qu'il ne faut pas se raconter de craques, mais pour moi, c'est comme une amie lointaine. On ne se parle pas mais je sais qu'elle est là. »

Sarah, 22 ans, Johannesburg.

« Elle porte la cause des femmes. La façon dont elle a tenu tête à Kanye West ou à Scooter Braun, pour ne citer qu'eux, est formidablement inspirante. Ce qu'elle dit à ces types, c'est : nous ne sommes pas vos inférieures, vos obligées. Nous ne sommes pas vos larbins ou je ne sais quoi. Vous aurez notre respect quand vous vous en montrerez dignes. »

Allessandra, 41 ans, Rio de Janeiro.

« Elle se bat pour les artistes, pas juste pour elle. Elle peut envoyer le message qu'elle veut à l'industrie musicale : elle sait qu'elle sera écoutée.

Et puis elle respecte les autres. De Madonna à Beyoncé. Elle a toujours un mot pour ses aînées. Du respect. Quand elle se fâche avec quelqu'un, une autre vedette, elle essaie toujours de se réconcilier. C'est ce qui s'est passé avec Katy Perry, je crois. Il y a dix ans, on les disait ennemies jurées et les médias étaient ravis, ça leur faisait quelque chose à raconter. Aujourd'hui, elles sont copines, elles rigolent ensemble. »

Domanté, 29 ans, Vilnius.

« Elle est tout le temps là pour nous. Depuis vingt ans. Sa présence, toujours. Et elle ne donne pas l'impression de vouloir s'arrêter. Elle continue de grandir. Musicalement. Conceptuellement. J'ai le sentiment qu'elle peut nous emmener n'importe où. En un sens, je *sais* qu'elle va le faire. »

Guilia, 26 ans, Lucca.

« Elle me fait penser aux Beatles. Dans les années 1960, au début des années 1970, ils étaient "tout", dans le monde de la pop. John Lennon prétendait qu'ils étaient plus connus que Jésus. Regardez les chiffres de Taylor ! Paul McCartney a reconnu qu'elle l'inspirait. Ringo Starr a affirmé qu'il était fan. Sauf que les Beatles ont passé, quoi ? Dix ans au sommet ? À peine. Pour Taylor, ça va bientôt faire vingt ans. »

John, 52 ans, Londres.

« Ses parents espéraient qu'elle deviendrait agent de change ou je ne sais quoi, et qu'elle gagnerait plein d'argent. Ah, ah !

Elle est milliardaire, certes. Mais sa plus grande richesse, ce n'est pas l'argent. C'est nous. »

Amir, 26 ans, Marrakech.

« Elle est tout là, elle brille – la plus belle étoile, aucune ne brille plus fort. »

Dolly Parton, 79 ans, Nashville.

BONUS

TAYLOR SWIFT

TAYLOR (ALISON) SWIFT

Surnoms : « Blondie », « Shifty », « T Swizzle »

Date de naissance : 13 décembre 1989

Lieu de naissance : Reading (Pennsylvanie, États-Unis)

Activités : Autrice, compositrice, interprète, actrice et réalisatrice de clips musicaux.

35 ans et déjà vingt ans de carrière ! Et quelle carrière, pour notre géante de la pop, icône planétaire déjà devenue milliardaire, cumulant plus de 170 millions ventes de disques à travers le monde et des récompenses à foison. Depuis ses débuts, en 2005, quatorze de ses albums arrivent en tête du Billboard 200 et douze de ses singles se classent en première position au Billboard 100...
Son compte Instagram affiche 283 millions de *followers*, et sa communauté de fans, les Swifties, est considérée parmi les plus influentes de la planète, Taylor elle-même ayant déjà fait la une du fameux magazine américain *Time*, en tant que personnalité de l'année. Une première pour une artiste. Pulvérisant et collectionnant les records, « la petite fiancée de l'Amérique » est tout simplement phénoménale ! Mais inutile de te convaincre, tu l'es déjà, n'est-ce pas ?
Chanteuse au succès exceptionnel, multi certifiée et élevée au rang de pop star au même titre que Madonna, Elvis Presley ou Michael Jackson par les médias américains, comparée à Bob Dylan ou Paul McCartney en tant qu'auteure-compositrice, Taylor Swift est aussi une source d'inspiration pour de nombreux jeunes artistes, et un modèle pour beaucoup. De ses débuts dans la musique country à son statut de reine de la pop, Taylor a su constamment évoluer, tout en restant fidèle à elle-même, à l'écoute de ses envies... Cette capacité à se réinventer sans

cesse tout en conservant son authenticité est ce qui la distingue et la rend si appréciable pour ses fans. « Je ne fais pas vraiment de distinction entre celle que je suis en privé et la personne publique », assure elle-même celle qui s'investit dans des shows monumentaux et des tournées tout aussi hors normes. La dernière en date, The Eras Tour : 149 concerts, à travers vingt pays ! Et encore un record battu avec le plus grand nombre de billets de concert vendus par un artiste dans le monde en une seule journée (2,4 millions !).

« J'étais tellement excitée à l'idée de repartir en tournée. C'est toujours un moment spécial de rencontrer mes fans et de partager ces moments magiques avec eux. La scène est un endroit où je peux vraiment me connecter avec mon public et partager ma musique de manière directe. C'est une sensation indescriptible de voir des milliers de personnes chanter vos paroles en chœur. C'est un rappel constant de ce pour quoi je fais ce métier. »

Mais que de travail, de détermination et de sacrifice pour y parvenir ! Faut-il le rappeler, ta star favorite est aussi une guerrière. « La préparation m'a demandé énormément de travail et de dévouement. Il ne s'agit pas seulement de monter sur scène et de chanter... Chaque tour est unique, et j'essaie toujours d'apporter quelque chose de nouveau, que ce soit en termes de musique, de performances ou de visuels. »

Ses sources d'inspiration, pour se renouveler ? « Mon processus de création varie, mais il commence souvent par une idée ou une émotion que je veux exprimer. J'aime m'asseoir avec ma guitare ou au piano et laisser les idées venir naturellement. C'est une combinaison de spontanéité et de réflexion. Parfois, une chanson peut naître d'une simple mélodie qui me vient à l'esprit, et d'autres fois, c'est une expérience personnelle qui déclenche le processus de création. »

Et si toi aussi ou tes ami(e)s peut-être souhaitez suivre un chemin artistique et musical, voici ses précieux conseils :

« Je leur dirais de rester fidèles à eux-mêmes et de travailler dur. Il est important de croire en son talent et de ne jamais abandonner, même face aux défis. Trouver sa propre voix et son style est crucial dans cette industrie. Beaucoup de jeunes artistes sont tentés de copier ce qui est populaire à un moment donné, mais je pense que la véritable réussite vient de l'authenticité. » Et Shifty d'ajouter : « La persévérance est également essentielle. Il y aura des moments de doute et des obstacles à surmonter, mais chaque expérience, bonne ou mauvaise, vous rapproche de votre objectif. Entourez-vous de personnes qui croient en vous et qui vous soutiennent, et n'ayez pas peur de prendre des risques et d'explorer de nouvelles directions artistiques. » Foi de pop star planétaire, qui a toujours aimé chanter, écrire et composer, depuis qu'elle est en âge de le faire !

10 CITATIONS INSPIRANTES

« Il est possible de grimper au sommet sans piétiner les autres. »

« Les gens n'ont pas toujours été là pour moi, mais la musique si. »

« Quoi qu'il arrive au cours de votre vie, soyez bon envers les gens. Être gentil est un merveilleux héritage à laisser derrière soi. »

« Ce qui est important pour une fille, c'est d'être créative, intelligente, travailleuse, forte, brillante et charmante. »

« Vous devez pouvoir vous moquer de vous. Ne prenez pas les choses trop au sérieux et lorsque les gens se moquent de vous, riez-en. »

« Il est important d'être reconnaissant pour ce que vous avez et de ne pas se comparer aux autres. Chaque personne a son propre chemin à suivre. »

« Faites attention à la façon dont vous vous parlez, car vous êtes votre plus grand critique. Soyez gentil avec vous-même. »

« De simples mots peuvent briser une personne, mais ils peuvent aussi la reconstituer morceau par morceau. J'espère que vous utilisez vos mots pour la bonne cause, car les seuls mots que vous regretterez plus que ceux que vous n'avez pas prononcés sont ceux que vous avez utilisés pour blesser quelqu'un. »

« Ne laissez pas vos peurs vous paralyser. Prenez des risques et vivez pleinement votre vie. »

« Soyez vous-même, poursuivez vos rêves et ne dites jamais "jamais". C'est le meilleur conseil que je puisse donner à quelqu'un. »

DISCOGRAPHIE PRINCIPALE

ALBUMS STUDIO :

Sous le label Big Machine Records
Taylor Swift (2006)
Fearless (2008)
Speak Now (2010)
Red (2012)
1989 (2014)
Reputation (2017)
Sous le label Republic Records
Lover (2019)
Folklore (2020)
Evermore (2020)
Midnights (2022)
The Tortured Poets Department (2024)

ALBUMS RÉENREGISTRÉS :

Fearless (Taylor's Version, 2021)
Red (Taylor's Version, 2021)
Speak Now (Taylor's Version, 2023)
1989 (Taylor's Version, 2023)

ALBUMS LIVE :

Live from Channel Stripped (2008, Big Machine Records)
Speak Now World Tour (2011, Big Machine Records)
Folklore : The Long Pond Studio Sessions (2020, Republic Records)
Lover (Live from Paris) (2023, Republic Records)

EP :

Napster Live (2006, Big Machine Records)
Holiday Collection (2007, Big Machine Records)
Rhapsody Originals (2007, Big Machine Records)
ITunes Live from SoHo (2008, Big Machine Records)
Beautiful Eyes (2008, Big Machine Records)
Spotify Singles (2018, Big Machine Records)

TOURNÉES :

Fearless Tour
Speak Now World Tour
Red Tour
The 1989 World Tour
Reputation Stadium Tour
The Eras Tour

COMPILATION :

Reputation Stadium Tour Surprise

SINGLES :

2006 : *Tim McGrow*
2007 : *Teardrops on My Guitar ; Our Song*
2008 : *Picture to Burn ; Should've Said No ; Change ; Love Story ; White Horse*
You Belong with Me ; Fifteen
2009 : *Two is Better than One*
2010 : *Fearless ; Today Wass a Fairytale ; Half of My Heart ; Mine ; Back to December*
2011 : *Mean ; The Story of Us ; Sparks Fly ; ours ; Safe & Sound*
2012 : *Eyes Open ; Both of Us ; We Are Never Ever Getting Back Together ; Ronan : Begin Again ; I Knew You Were Trouble*
2013 : *22 ; Highway don't Care ; Red ; Everything Has Changed ; Sweeter Than Fiction ; The Last Time*
2014 : *Shake It Off ; Blank Space*

2015 : *Bad Blood, Wildest Dreams*
2016 : *Out of the Woods ; New Romantics ; I don't Wanna Live Forever*
2017 : *Look What You Made Me Do ; Ready for It ? ; End Game ; New Year's Day*
2018 : *Gorgeous ; Delicate ; Getaway Car Babe*
2019 : *ME ! ; You Need to Calm Down ; Lover ; Beautiful Ghosts ; Christmas Tree Farm*
2020 : *The Man ; Cardigna ; Exile ; Betty ; The 1 ; Wilow*
2021 : *No Body No Crime ; Coney Island ; Gasoline ; Renegade ; I Bet You Think About Me*
2022 : *The Joker and the Queen*
2023 : *Karma ; The Alcott ; Cruel Summ*

QUIZ

1. Pour quelle vedette américaine de pop et de country ayant percé adolescente Taylor Swift a-t-elle eu l'un de ses premiers coups de cœur musicaux dès l'âge de 6 ans ?

2. Quel était le titre du poème (à la fois effrayant et amusant) écrit par Taylor qui lui fit remporter son premier concours national de poésie en 4e année d'école primaire ?

3. Quel sport pratiquait-elle enfant à la campagne ?

4. De quel instrument se met-elle à jouer à l'âge de 11 ans ?

5. Dans quelle ville connue pour être la capitale mondiale de la musique country Taylor parvient-elle à convaincre ses parents de déménager à l'âge de 14 ans ?

6. Quel nom porte le premier single de Taylor Swift, encore jeune lycéenne ? Un indice ? Elle chantera un morceau de cet interprète devant lui, en personne, lors de la cérémonie des Country Music Awards…

7. Par laquelle de ses idoles de musique country Taylor se voit-elle remettre le prix de la meilleure nouvelle artiste aux Country Music Awards, l'année de sa terminale ?

8 Pourquoi notre phénoménale pop star est-elle déçue et frustrée après avoir remporté les prix de la meilleure interprétation féminine pour « White Horse » et du meilleur album de l'année aux Grammy Awards 2010 ?

9 Qu'a fait de particulier Taylor Swift le 18 août 2017 ?

10 Comment s'appellent les fans de notre géante de la pop ?

Réponses : 1. LeAnn Rimes - 2. « A Monster in My Closet » / Un monstre dans mon placard - 3. L'équitation - 4. De la guitare acoustique, un instrument à 12 cordes - 5. Nashville - 6. Tim McGraw - 7. Carrie Underwood - 8. Parce que sa performance sur scène ce soir-là s'est révélée un fiasco - 9. Elle a totalement vidé les contenus de l'ensemble de ses comptes sur les réseaux sociaux et de son site officiel - 10. Les Swifties.

LEXIQUE

Démo : pour un chanteur, une démo (ou maquette) consiste en un enregistrement non définitif d'une chanson, généralement destiné à démarcher un professionnel de la musique (producteur ou maison de disques). Une version démo peut parfois figurer comme titre bonus ensuite dans un album. Il peut également s'agir d'un enregistrement de composition musicale sans paroles, une base de travail sur laquelle celles-ci seront ajoutées par la suite.

Disque d'or : les certifications de disques sont des récompenses attribuées aux albums et aux singles qui remplissent certaines conditions de vente, notamment en nombre, les critères différant entre la France et les États-Unis. Une chose est sûre, c'est un signe de succès et de popularité ! En France, c'est le Syndicat national de l'édition phonographique qui en dirige l'attribution, un disque d'or étant remis au-delà de 50 000 exemplaires vendus, un disque de platine correspondant à plus de 100 000 exemplaires vendus et un disque de diamant à plus de 500 000 exemplaires (une vente = 150 téléchargements ou 1 500 streams). Tandis qu'aux États-Unis, la Recording Industry Association of America, qui a créé les Gold Record Awards en 1958, accorde un disque d'or à un artiste ou à un groupe dont l'album ou le single s'est vendu à plus de 500 000 exemplaires ! Pour un disque de platine, version américaine, il faut compter plus d'un million d'exemplaires vendus d'un album et deux millions pour un single. Le disque de diamant, lui, récompense un album ou une chanson au succès commercial dépassant les dix millions de ventes ! On ne les compte évidemment plus pour notre méga star internationale qui a explosé tous les records dès son premier album, disque d'or en 2007 et devenue triple disque de platine depuis !

EP (abréviation de « **extended play** », en anglais) : il s'agit d'un enregistrement musical de quatre à six titres, au maximum, d'une durée plus longue que celle d'un single et plus courte que celle d'un album, ne dépassant donc pas 30 minutes. Pour la petite histoire, ce format musical est apparu dans les années 1950 sous la forme d'un disque de 17 centimètres de diamètre et s'est généralisé en France jusqu'au début des années 1970. On appelait ça alors un « super 45 tours » ! (Demande à tes parents ou à tes grands-parents, ils ont peut-être gardé un ou deux vinyles de leurs chanteurs préférés.) Depuis les années 2000, les EP sont distribués au format numérique bien sûr. Et les cinq EP de Taylor Swift, tu les connais par cœur, j'imagine !

Master : enregistrement original et principal de chansons et compositions musicales, à partir duquel toutes les copies sont établies, pour être diffusées.

MySpace : fondé aux États-Unis en août 2003, ce site de « réseautage social » au slogan explicite (« A place for friends »/Un endroit pour les amis) mettait gratuitement à disposition de ses membres enregistrés un espace web personnalisé, permettant de présenter diverses informations personnelles et d'y créer son propre blog. Son système de messagerie offrait également la possibilité de poster et d'envoyer des photos. L'ancêtre d'Instagram et Tik Tok en quelque sorte, quand Facebook n'en était qu'à ses balbutiements. Nombreux sont les artistes, musiciens, compositeurs, DJ à y avoir eu recours à leurs débuts pour partager leur création… Tout comme Blondie qui, déjà déterminée et stratège en communication, a ouvert son compte MySpace le 31 août 2005, la veille du lancement du label Big Machine Records avec qui elle a signé son premier album l'année suivante, à l'âge de 16 ans !

Single (ou simple) : c'est un enregistrement musical de courte durée (moins de 10 minutes), très souvent en rapport avec un album déjà sorti ou sur le point de l'être. Cela peut également être un inédit ou un duo présent sur l'album d'un autre artiste. Si aujourd'hui les singles sont majoritairement diffusés sur Internet en streaming, à l'origine ils l'étaient sur des disques vinyles 45 tours à deux pistes, avec un morceau sur chaque face (A et B) du disque que l'on retournait sur sa platine, jusqu'à l'invention des CD. Un single propose souvent une version adaptée pour un passage en radio de la chanson principale d'un album. Depuis le succès d'« Our Song » en 2006 qui a fait de la petite fiancée de l'Amérique la plus jeune artiste à écrire et composer un single arrivé en tête des classements musicaux, Taylor, ne ménageant pas sa tâche, les a multipliés : à son actif, 61 singles en tant qu'artiste principale, 8 en tant qu'artiste invitée, et 38 singles promotionnels… Phénoménal, décidément !

Streaming : cet anglicisme (encore un !) désigne une technique de diffusion et de lecture en ligne et en continu de données multimédias, qui évite le téléchargement des données et permet la diffusion en direct (ou en léger différé)... Entre 2014 et 2017, Taylor avait retiré tous ses enregistrements de la première plateforme de streaming (Spotify), les accusant de léser financièrement les artistes... Bien lui en a pris, elle qui est devenue milliardaire à 33 ans !

Swifties : anglicisme créé à partir du nom de Taylor Swift pour désigner les fans les plus dévoués de l'artiste, qui forment une communauté très influente (sinon la plus influente !) la soutenant très activement sur les réseaux sociaux et la suivant dans le monde entier durant ses tournées. Taylor le leur rend bien d'ailleurs, entretenant un lien étroit avec eux, qui la considèrent un peu comme leur meilleure amie. Selon une étude américaine réalisée en 2023, les plus accrocs des Swifties seraient près de 40 millions... quand le compte Instagram de la plus *friendly* des pop stars affiche 283 millions d'abonnés. Qui dit mieux ?

TABLE DES MATIÈRES

Composition et mise en pages
Nord Compo à Villeneuve-d'Ascq